NE JAMAIS BAISSER LES YEUX

Solidaire un jour, solidaire toujours,
le Secours populaire français

De la même auteure

Vigie et aiguillon des pouvoirs publics. Le Secours populaire français, préface de Julien Lauprêtre, Les Balustres, 2014.

HENRIETTE STEINBERG

NE JAMAIS BAISSER LES YEUX

Solidaire un jour, solidaire toujours, le Secours populaire français

Robert Laffont

Ouvrage publié sous la direction de Marion Lavenir
Ouvrage écrit en collaboration avec Élisabeth Samama

ISBN : 978-2-221-25873-6
Dépôt légal : septembre 2022
Éditions Robert Laffont – 92, avenue de France, 75013 Paris

Prologue

Au printemps 2019, Julien Lauprêtre, mon ami et le président du Secours populaire, est hospitalisé. Puis de nouveau quelques semaines plus tard, après une mauvaise chute. Il est affaibli. Ce jour-là, je le retrouve dans sa chambre afin d'échanger sur mon imminent voyage à Katmandou pour l'ouverture d'une école financée par notre association et le soutien à apporter aux Palestiniens de nouveau sous le feu à Gaza. Notre conversation roule bientôt sur la capacité de mobilisation croissante du Secours populaire. Il s'éteint alors que je suis dans l'avion, de retour du Népal, le 26 avril. C'est la fin de cinquante ans d'un dialogue fructueux ininterrompu. L'hommage funèbre à l'Hôtel de Ville, avec près d'un millier de personnes venues se recueillir, nous astreint, famille et proches, à contenir notre émotion.

Dans les jours qui suivent, notre conseil d'administration se réunit et je suis élue secrétaire générale du Secours populaire, faisant fonction de présidente. J'y tiens. Nous avons eu un président fondateur, il n'y en aura pas deux. Ces obligations statutaires une fois redéfinies, je prends la mesure de ma nouvelle situation. Il va me falloir désormais apparaître publiquement. Ce n'est pas ce que je préfère, loin de là. J'y étais préparée, mais la soif de vivre de Julien m'avait permis de reculer cette échéance. Je sais aussi que la partie ne sera pas facile. La situation sociale en France est plus préoccupante que jamais. Mais, à l'exemple de Julien, j'ai la certitude qu'il nous revient de contribuer à mettre en mouvement le plus de bénévoles possible dans notre pays, et partout dans le monde, pour prendre en main nos destins individuels et collectifs. Le temps n'est plus, s'il l'a été un jour, où nous pouvions espérer que le sort des laissés-pour-compte s'améliorerait naturellement. L'unique objectif de Julien Lauprêtre, depuis ses premiers pas dans la Résistance à l'âge de 16 ans et jusqu'à la fin de sa vie, était d'affirmer une solidarité inconditionnelle avec les victimes des persécutions politiques, des catastrophes naturelles et de la pauvreté. Il m'incombe aujourd'hui de renforcer cette entraide entre tous et avec tous les amis du Secours populaire. C'est aussi le propos de ce livre.

1

Ne jamais baisser les yeux

Gare du Nord, l'immense verrière est prise dans la glace. Les stalactites gouttent des panneaux d'affichage émaillés. On gèle littéralement. En ce dimanche de mars 1963, la France n'est pas sortie de l'hiver le plus long et le plus froid du siècle. La Seine a des airs de banquise. On dit qu'à Puteaux, un immeuble de miséreux s'est écroulé sous la tempête. Dans le même temps, le pays ne produit quasiment plus de charbon. Et pour cause : des milliers de mineurs sont en grève, des centaines parcourent la France en quête de soutien. D'ailleurs, l'un d'eux est à mon côté et je tends son casque de protection aux voyageurs. J'ai 12 ans, c'est ma première collecte au nom du Secours populaire. Je regarde les gens, droit dans les yeux, en répétant : « Solidarité pour les enfants de mineurs. » J'ai été élevée selon ce principe : ne jamais baisser le regard. Une fois le contact établi, les passants sourient. Le casque se remplit.

Les « gueules noires » réclament une augmentation de salaire, une quatrième semaine de congés payés et 40 heures de travail hebdomadaire au lieu de 48. Dans les rangs des manifestants qui déferlent à Lens, on brandit des banderoles : *La solidarité de la classe ouvrière peut la rendre invincible.* Le message est passé, bien au-delà de la classe ouvrière. Des commerçants affichent des pancartes : *Cet établissement aide les familles de mineurs.* Ailleurs, on lit : *Aider les mineurs, c'est nous aider nous-mêmes.*

Du bout d'un quai, je vois débouler un groupe de gamins à peine plus jeunes que moi. Des visages barbouillés de larmes, des regards espiègles, des petites têtes aux cheveux ras pour les garçons, et le fichu noué sous le menton pour les filles. Ils arrivent tout droit du Pas-de-Calais, ils quittent leurs parents pour la première fois. Pendant les vacances de Pâques, les enfants des mineurs en grève sont accueillis dans des familles qui ont le projet de les dorloter, à l'abri du froid polaire qui règne dans le Nord, à l'abri des tracas. Quand les gamins sortent de la gare, j'entends les acclamations de la foule venue les accueillir. Ils vont rejoindre les locaux du Secours populaire où les bénévoles les confieront aux foyers qui les attendent à Malakoff.

Les Français ont froid, la baisse de production de charbon est inquiétante, mais la générosité est nationale. L'aide alimentaire, les dons d'argent : la solidarité fonctionne à plein régime et 27 millions de francs[1] sont collectés. Une fraternité totalement inédite dans l'histoire des grèves ! Mais pour le Secours populaire, la collecte, c'est le mode d'action intangible. Le fer de lance de notre association depuis sa création. C'est notre quotidien.

Ce soir-là, je rentre à la maison, rue de Rocroy, à quelques minutes à pied de la gare du Nord, avec le mineur et son copain. Ils dormiront chez nous. On montera les seaux de charbon de la cave au quatrième étage pour se chauffer, on se serrera autour de la table, on mettra des matelas par terre. Pour mes parents aussi, l'entraide, c'est le quotidien.

1. L'équivalent aujourd'hui de 4 millions d'euros.

2

Participer à la marche du monde

Avant moi, ma mère était une bénévole très active du Secours populaire. Dans une interview accordée à l'historien Pierre Outteryck[1], elle explique à sa manière l'art de la collecte : «J'aime la rue, ses bruits, ses parfums, la couleur changeante du ciel, et surtout les gens, cette multitude de visages que j'aborde sans prévention.» Et si le plaisir de la flânerie sur fond de nuages gris-bleu, le goût pour les rencontres de hasard, la liberté que ça suppose, suffisaient à justifier un engagement? Je n'aime pas qu'on mette des grands mots sur les actions solidaires. Je préfère qu'on ne me demande pas «ce qui m'a poussée à m'impliquer si jeune au Secours populaire». Parce que je n'ai pas de réponse. Tout s'est fait naturellement. Qu'elle collecte pour le Secours populaire ou à la Fête de l'Humanité, ma mère nous emmenait, mon frère

1. Pierre Outteryck, illustrations de Pierre Devin, *Parcours de femmes*, Secours populaire français, fédération du Nord, 1999.

et moi, encore nourrissons. Et nous dormions dans nos poussettes derrière les stands. Mon parcours de bénévole, je le dois à cet air-là, respiré dès le berceau. Je le dois aussi à une solide connaissance et observation professionnelle des milieux défavorisés, et surtout au besoin rationnel d'agir quand la misère est sous mes yeux. Bien plus qu'à une quelconque morale supérieure.

Mes parents manquaient d'argent, donc ils aidaient ceux qui en manquaient plus encore. C'était normal. C'était banal. Et ma conviction aujourd'hui, soixante ans après ma première collecte, c'est que cette entraide est un excellent moyen de participer à la marche du monde. Quels sont les dommages? Comment y remédier? Chacun est en mesure de se poser ces questions, de chercher les solutions. Chacun peut alors se mettre en mouvement pour peser sur la société. Chacun d'un bout à l'autre de la planète devrait se sentir responsable de plus démuni que lui. Et se souvenir qu'on a vu les effets bénéfiques de la solidarité avec les mineurs en 1963.

J'ignore aussi comment j'ai pris conscience de l'engagement de mes parents. À les écouter, on accueillait simplement des «amis». Cette notion d'amitié suffisait à donner l'hospitalité pour une ou plusieurs nuits. Les amis étaient des grévistes, des militants luttant pour l'indépendance des colonies et la libération des prisonniers politiques partout dans le monde, des survivants de la Shoah, des camarades du Parti communiste ou des bénévoles du Secours populaire de passage à Paris pour un congrès. Toute sorte de gens qui se questionnaient, qui recevaient afin de mieux donner ensuite. Ou l'inverse.

Vers 6 ans, je commence à associer les sorties en métro aux bidonvilles de Paris. Mon père travaille à la maison. Il garde un œil sur mon jeune frère. Ma mère le soulage de ma présence bondissante. « Viens, on va voir des enfants qui n'ont pas la chance d'avoir un toit sur la tête. » Ma mère porte des sacs débordants de nourriture, de bonnets et de chaussettes. On sort du métro Porte de Clignancourt ou Porte de Choisy. Il faut marcher longtemps. Bientôt le bitume laisse place à la boue et aux ordures. Ils sont coincés là, les gamins sans toit. Les filles et les garçons malingres. Je me souviens. Ils rient, joyeux, sur notre passage. Ils jouent et ma mère m'expédie courir avec eux, pendant qu'elle s'occupe de la distribution des produits. Passage de l'Avenir, le bien nommé, des familles arméniennes, italiennes, algériennes s'entassent dans des baraquements en bois. C'est pratique, on voit chez le voisin entre deux planches ! Pas d'eau, pas d'électricité, peu ou pas d'école. Tous ont été chassés de Paris par la spéculation. Déjà ! Les anciennes fortifications sont devenues « l'anneau de la honte » depuis le début du siècle. Les derniers bidonvilles seront rasés à la fin des années 1950 pour la construction du périphérique, en lisière duquel se déplaceront les sans-logis.

Si je garde un souvenir paisible de ces visites, c'est parce que tout était simple et évident. Pour ces mères qui avaient besoin de soutien comme pour la mienne qui les soutenait. Et pour cause ! Ma mère n'ignorait rien de la peur du lendemain. Elle s'appelait Hélène Rozental. Pendant l'Occupation, quinze ans plus tôt, c'était une jeune Juive qui avait dû se cacher. Déjà, adolescente, Hélène trouvait l'injustice insupportable. Après la guerre, l'idée d'une humanité opprimée deviendrait un désaccord de fond avec le monde comme il va, un désaccord radical, existentiel. « Il n'y a pas de place pour ça », disait-elle.

En 2022, le Secours populaire, c'est :

• 87 000 animateurs et collecteurs bénévoles en France ;

• 507 salariés ;

• plus de 1 million de donateurs ;

• 3,5 millions de personnes aidées dans 80 pays.

Visiblement, il y a encore pas mal de place pour l'injustice aujourd'hui. Et des dizaines de milliers de gens qui, comme ma mère, aiment se balader nez au vent, une boîte à la main, pour collecter des dons.

3

Se cacher des assassins tout en construisant sa vie

À la fin de sa vie, ma mère me demande : « Quand on est mort, qu'est-ce qu'on peut faire ? » Sous-entendu : pour agir encore et toujours. Je lui réponds : « Transmettre. » Sur sa tombe, elle a voulu qu'on inscrive ce message à l'intention des futures générations : « Ni oubli ni pardon pour les nazis allemands et roumains qui ont assassiné mes grands-parents et mon oncle. » Ma mère n'a jamais été une tendre. Aurait-elle dû l'être ? Rien n'est moins sûr.

Ses parents ont fui la révolution d'Octobre. Ils sont partis de Kichinev en 1920, des Russes sans le sou. À la naissance de ma mère, neuf ans plus tard, son père est le chef d'une famille aisée, logée rue Chanez dans le 16e arrondissement de Paris, mais qui vit la situation instable de tous les réfugiés. Dans le cercle des proches, tout le monde est francophone, éduqué, diplômé. Simon Rozental est ingénieur méthodes, ce qui, dans ces années-là, consiste à mesurer le temps consacré à chaque opération par les ouvriers pour préparer l'automatisation sur les chaînes de production. Et puis la guerre arrive. En 1940, mon grand-père est appelé sous les drapeaux. Et de nouveau, c'est le chaos.

En septembre 1942, ma mère a 13 ans, elle entre en quatrième. C'est une excellente élève. Le port de l'étoile jaune est obligatoire depuis trois mois, mais Hélène refuse de la porter. « C'était énervant de la défaire tous les soirs et de la recoudre sur un chemisier propre le matin. Pourquoi les jeunes filles, même les plus opprimées, ne voudraient pas être bien mises ? » disait-elle avec panache. En vérité, sa meilleure amie a été embarquée par la police française et n'est jamais revenue. Ma mère en a tiré ses propres conclusions. Elle sait aussi lire entre les lignes des panneaux qui annoncent l'interdiction aux Juifs et aux chiens de se balader dans les parcs, l'interdiction d'accès à la piscine, l'interdiction d'entrer dans les magasins hormis entre 3 et 4 heures de l'après-midi. Elle n'est ni aveugle ni sourde. Elle sait parfaitement qu'une arrestation signerait sa mort. Et elle est loin d'être la seule à avoir compris.

À un autre bout de l'Europe, en Allemagne, son père est retenu prisonnier, assigné aux travaux dans une ferme. Il y a des écuries. Jeune homme en Russie tsariste, il s'est occupé de chevaux sur le domaine dont son père était régisseur. Il pense s'en sortir plutôt bien. Mais quand un autre prisonnier lui glisse : « Tu dis que tu viens d'Alsace, et tu n'avoues jamais que tu es juif», quand mon grand-père commence à apprendre le sort réservé aux Juifs par les nazis, il se sent aspiré par l'enfer.

Hélène n'a eu besoin des conseils de personne pour se protéger : elle ne veut à aucun prix être identifiée comme juive. Elle ne se plie pas aux lois traîtresses de l'administration de Vichy. Un jour, on sonne à la porte. Elle ouvre sur un type harnaché dans son uniforme à croix gammées. Le choc est atroce. La peur la saisit tout entière, d'un coup. Par chance, le militaire vient seulement informer le foyer que le beau-père est vivant, le second mari de sa mère. Cette fois, Hélène s'en est sortie, mais elle quitte aussitôt l'appartement familial. Elle dit à sa mère : «Je veux qu'on se sépare, avec ta façon de regarder derrière toi dans la rue, tu vas nous faire piquer.» À 15 ans, elle passe la ligne de démarcation grâce à M. Lebrun, conducteur de train. Elle est cachée à Viteaux, en Bourgogne, dans la famille de la future femme de son père. À La Mure, village voisin, il y a deux lycées, à deux vitesses. Celui de l'excellence et celui de la moyenne. Il n'y a plus de place dans le premier. C'est une chance, mais Hélène ne le sait pas encore. Quelques semaines plus tard, toutes les adolescentes cachées dans l'établissement renommé sont arrêtées avant d'être gazées. Bientôt, la directrice du lycée d'Hélène est à son tour contrôlée par la Gestapo, elle assure qu'elle est en règle avant de prévenir les jeunes Juives qu'elles ne devront plus revenir. Le risque est trop grand. L'école est finie pour Hélène jusqu'à la Libération de Paris.

À ce moment-là, dans l'effervescence de la fin de l'Occupation, elle ignore que ses grands-parents maternels sont détenus dans des camps d'extermination. Plus tard, elle apprendra qu'ils n'ont pas survécu aux marches de la mort en 1945, et que Léon, son oncle avocat, otage des nazis roumains, a été assassiné de leurs mains.

Après ces expériences tragiques, Hélène ne varie plus de position durant sa vie entière. Elle est animée par un double sentiment : la haine pour les oppresseurs de toute nature et une compassion dénuée de sentimentalisme pour les opprimés. Durant sa vie entière, elle n'oubliera jamais ce qu'est l'adolescence quand on doit se cacher tout en ne perdant pas l'espoir de construire son avenir ; quand on doit étudier alors que votre propre pays vous condamne à mort par procuration. Elle n'oubliera jamais ce qu'on endure en devant affronter tous ceux qui feignent de n'avoir rien su, ou en redoutant de s'asseoir dans le métro à côté de collabos qui se sont enrichis sur les cadavres des déportés, soumis à un État prédateur, assassin et seulement désireux de servir les intérêts de la toute-puissance occupante.

Hélène tient grâce à la colère. Elle la nourrit, elle la revendique, elle s'en arme. Et, sur sa tombe, il n'y a pas de message de réconciliation.

4

Comprendre les mécanismes de la Gestapo

Ma mère, avec son caractère trempé, était sans doute faite pour rencontrer le futur auteur de l'ouvrage historique intitulé *Pas comme des moutons. Les Juifs contre Hitler*[1]. En quatrième de couverture, on peut lire : «Six millions de Juifs se sont-ils laissés massacrer comme des moutons? Non, a répondu Lucien Steinberg.» Et plus bas : «Oui, dans les situations désespérées ce sont les combattants qui ont le plus de chances de survivre.» Lucien Steinberg est l'auteur de ce document majeur sur les réseaux juifs de résistance à Berlin, en France, dans le ghetto de Varsovie ou encore dans les forêts de Russie et des Balkans. C'est aussi mon père.

À Bucarest, où il est né en 1926, son propre père possède la plus grande librairie francophone de la ville, fréquentée par l'intelligentsia roumaine,

1. Lucien Steinberg, *Pas comme des moutons. Les Juifs contre Hitler*, Fayard, 1970; rééd. Les Balustres / musée de la Résistance nationale, 2012.

comme il se doit. Foyer bourgeois, manières bourgeoises. Il est élevé par des gouvernantes, il croise Malaparte dans le salon familial, il est inscrit dans les meilleures écoles où il brille par ses résultats.

Un univers englouti en juillet 1940. Le coup d'État d'Ion Antonescu prépare l'engagement total du leader roumain aux côtés de l'Allemagne nazie six mois plus tard. Mon père, victime des lois raciales promulguées frénétiquement par le Conducător, est sommé de quitter son lycée. « À 14 ans, c'était un choc, j'en avais la confirmation, je n'étais pas un Roumain comme les autres », écrit-il, avant de poursuivre : « Des lycées juifs furent rapidement fondés. Solutions de misère pour les élèves comme pour les enseignants chassés des établissements d'État »[1]. Malgré tout, lycéens et professeurs y vivent dans une grisante émulation. Lucien y découvre la musique classique, la confirmation de son faible niveau en mathématiques et les mouvements clandestins antifascistes. Le cousin de Lucien et ses amis communistes organisent des actions de propagande contre le pouvoir en place dans les milieux ruraux. « Citadins juifs, ils furent vite repérés et arrêtés. » Peu de temps après, une quinzaine de jeunes âgés de 12 à 18 ans, condisciples de Lucien pour certains, mettent sur pied une nouvelle action de contestation. « Ils imprimaient des mots d'ordre antifascistes sur des billets de

1. Lucien Steinberg, *Chroniques d'un Juif laïque*, Les Balustres, 2010.

banque de faible valeur en utilisant un tampon encreur. » Les billets se répandent vite dans Bucarest. Les adolescents sont aussi vite identifiés, appréhendés, sauvagement torturés, puis exécutés. Fin de partie. Cette fois, mon père et son entourage, tout le monde se terre.

À l'automne 1941, les Juifs sont astreints aux travaux forcés. Malgré son jeune âge, mon père est expédié sur la voirie avec des prisonniers soviétiques. Il faut creuser des tranchées sans la moindre protection contre le vent glacial. Les hommes l'encouragent à acheter de l'alcool à 90 degrés en pharmacie pour lutter contre le froid. L'alcool, qui refuserait d'en boire dans ces conditions ? Il faut bien tenir. Lucien a su que ses camarades résistants avaient fini accrochés à des crocs de boucher. Il en est marqué à vie. Ses nuits sont hantées par ces souvenirs cauchemardesques, et elles le seront jusqu'à la fin de ses jours. Il se promet d'écrire ce qu'il a vu, ce qu'on a infligé à ces jeunes gens. Et il le fera.

Bientôt, usé par la terreur et frappé au cœur en apprenant que les nazis défilent sur les Champs-Élysées, son propre père subit un premier infarctus. À peine remis du choc, celui-ci s'autorise une sortie pour choisir sa tombe. Ce sera sa dernière promenade, il meurt d'une seconde attaque rapidement. Plus rien ne retient Lucien en Roumanie. Un an plus tard, en 1943, sa mère, sa sœur et lui tournent le dos à leur pays natal. Ils entament un périple à travers la Bulgarie, la Turquie, la Syrie et le Liban vers la Palestine, sous mandat britannique. Sur le chemin, à un arrêt du train, des Allemands font descendre la famille. Ma grand-mère racontera : «Jusque-là on était riches; quand on est remontés dans le train, on était pauvres.» En Palestine, tandis que sa mère est cuisinière dans un foyer pour soldats, Lucien passe son bac et fait son service militaire. Quand un gradé britannique vient vérifier qu'il ne s'endort pas durant son tour de garde, mon père tire une balle dans sa direction, à quelques millimètres au-dessus de sa tête. Convoqué, il affirme avoir fait son travail de surveillance et n'est pas sanctionné. Malgré tout, il décide que la provocation n'a qu'un temps et il entre dans le vif de l'action en rejoignant la Haganah, mouvement d'autodéfense juif, créé pour libérer Jérusalem du joug britannique. Mais mon père, nourri au sein de la littérature française, n'a qu'un but : gagner Paris. Il y parviendra en 1947. Seul. Il a 21 ans. Il est admis à Sciences Po. Où il rencontre Hélène, ma mère.

D'emblée, mes parents sont liés par une très forte union intellectuelle et militante. Après Sciences Po, ma mère est secrétaire à l'Agence juive, chargée de l'immigration des survivants et de leurs familles en Israël. D'où elle est licenciée dès qu'elle est enceinte ! Elle est alors engagée comme secrétaire chez Boujassy, une entreprise qui finance les dommages de guerre, puis chez un fabricant de meubles du Faubourg-Saint-Antoine en tant que secrétaire-facturière. Elle reprend ses études pour devenir documentaliste et elle est embauchée dans un grand laboratoire pharmaceutique. En toute conscience, Hélène vend sa force de travail pour nourrir sa famille, mais ses valeurs, elle les exprime dans le militantisme où elle déploie ses compétences d'économiste. Elle adhère au Parti communiste français en 1947, et elle restera à jour de ses cotisations jusqu'à sa mort. Mon père, lui, s'inscrira au PCF en 1958 quand de Gaulle, qu'il juge alors dangereux pour la démocratie, reviendra au pouvoir. Plus tard, il ira se recueillir sur la tombe du Général à Colombey-les-Deux-Églises. Ce n'est pas le premier des paradoxes de Lucien Steinberg.

Mon père est un original, drôle, infatigable raconteur de blagues juives, un homme que la contradiction ne saurait faire reculer, si elle garantit sa liberté d'esprit et s'accorde avec sa grande sensibilité. Alors qu'il est un laïc revendiqué, il décide un jour que ses trois enfants n'iront pas à l'école pour Kippour. Non seulement nous ne respectons pas le jeûne, mais il nous prépare de l'échine de porc au repas de midi. Plus tard, envisageant ses obsèques, ce même Juif laïc et communiste demandera aux siens de faire venir à la cérémonie un rabbin. Mais progressiste !

Toutefois, le paradoxe ultime de mon père, celui que je suis incapable de comprendre à l'adolescence, celui qui met ma mère en rage, c'est son travail avec les criminels de guerre emprisonnés et sa proximité avec certains d'entre eux après des dizaines d'heures d'entretien. Pourtant c'est un lent cheminement de sa part, réfléchi, et un labeur de plusieurs décennies. Dans les années 1960, répondant à une petite annonce, Lucien entre au Centre de documentation juive contemporaine (CDJC), il est affecté au fonds d'archives de la Gestapo en France. « Il y avait plusieurs centaines de documents originaux "récupérés" à la Libération[1]. » Mon père doit se remettre à l'allemand, qu'il a partiellement oublié, pour défricher cette incroyable mine de renseignements sur les bourreaux et leurs victimes. Sa jeunesse roumaine, et le souvenir toujours présent de ses condisciples assassinés, lui a appris qu'il y avait des résistants sur les territoires des puissances de l'Axe, « combattants oubliés ou ignorés ». Et, poursuit mon père, « j'ai voulu rappeler leurs noms et leurs faits ». C'est ainsi qu'il est l'un des premiers en France à faire les portraits des survivants de la Rose blanche, un mouvement de résistance fondé en 1942 par des étudiants allemands. Peu à peu, il accumule des dizaines d'interviews de résistants, juifs ou pas.

Quand il est chargé d'organiser, toujours pour le CDJC, une exposition sur le ghetto de Varsovie, mon père s'implique entièrement. Il dépouille une masse considérable de documents allemands, portant sur l'ensemble des territoires sous domination nazie. Très vite, il éprouve le besoin d'interroger

1. *Ibid.*

aussi les criminels de guerre, hommes de Vichy ou anciens nazis, d'entendre leur voix et leurs mots. Il obtient le droit de les visiter en prison. « Parmi *les méchants* que j'ai rencontrés, écrit-il, je n'hésite pas à placer en tête René Bousquet qui mit en œuvre la déportation de 76 000 Juifs de France – et qui fut par ailleurs l'ami de François Mitterrand. J'ai bénéficié d'un contact privilégié avec Helmut Knochen, chargé de la police de sécurité en France occupée. J'ai discuté avec lui des dizaines de fois entre 1962 et 2003, année de sa mort. [...] Parmi les *gros poissons* SS, je ne puis oublier Eric von dem Bach-Zelewski, SS-Obergruführer et général de la police, responsable de l'assassinat de dizaines de milliers de Juifs notamment en Biélorussie, Ukraine et Russie ; ainsi que de la répression de la révolte polonaise nationale de Varsovie, en 1944. Je suis allé l'interroger à la prison de Nuremberg. [...] Comment ai-je pu le faire ? Je me le demande aujourd'hui encore. »

De mon côté, je me demande alors comment mon père peut passer simplement une minute avec ces assassins. Mais Lucien Steinberg persiste, il veut comprendre leur itinéraire, comment il est possible de commettre de tels massacres, alors que pour certains chefs gestapistes, ils ne se définissent pas comme antisémites. C'est de leur bouche même que cet historien atypique apprendra tout des mécanismes, de la logistique et des rouages humains de la Gestapo.

5

Cogner si on te traite de sale Juive

Je suis une fille d'immigrés de la première génération. Je le revendique. Parfois pour le seul plaisir de lire la surprise dans les yeux de mes interlocuteurs si peu habitués à l'entendre dire par une femme blanche dotée d'une fonction institutionnelle. Le triple cachet du consulat général de France sur les extraits de naissance de mon père l'atteste pourtant. Et c'est au moment où j'ai besoin de papiers pour passer le concours de l'agrégation que j'apprendrai par ailleurs à ma mère qu'elle est née, certes en France, mais avec la nationalité soviétique jusqu'à l'âge de six mois.

Fille d'immigrés communistes et juifs : en 1957, quand j'entre à la communale, mon pedigree n'est pas du goût de tous. Ma première institutrice semble faire une fixation sur mon écriture, indigne de son enseignement. Elle hurle, elle coupe les fils de mes cahiers, déchire les pages incriminées et me fait recommencer. Deux fois, dix fois, vingt fois. Mon père s'impatiente, puis prend rendez-vous avec la directrice. Son message est clair : « L'antisémitisme, ça suffit ! » La question est réglée pour cette année, mes parents anticipent néanmoins d'autres attaques et me font des recommandations : « Si on te traite de sale Juive, tu cognes, tu causes après ! » Et ça marche. Je dois m'y coller une fois par an pour être tranquille le reste du temps. On me pique mon goûter dans mon cartable ? Ma mère y cache une parfaite imitation d'araignée achetée dans un magasin de farces et attrapes. Et ça marche. Je découvre qu'il suffit de se battre pour jeter un sort à l'injustice. Parfois, cependant, l'autoritarisme est plus fort que l'équité.

Neuf ans plus tard, alors que j'achève ma quatrième, la directrice du lycée Edgar-Quinet, situé rue des Martyrs, convoque mes parents. Son verdict est sans appel : « Votre fille est incapable de suivre des études. C'est à désespérer. Vous ne pourrez même pas en faire une couturière, elle ne sait pas tenir une aiguille. » Effectivement, les activités manuelles, ce n'est pas mon fort. Mon fort, c'est le sport, la nature, les animaux et la lecture. L'effronterie aussi, selon la directrice. C'est vrai, je n'ai pas le regard dans ma poche, ce qui reste un sacré atout pour les collectes. Mais les adultes à principes ont du mal avec le regard critique qu'ils veulent faire passer pour de l'insolence. Inquiets, mes parents m'envoient chez un psychologue sur les conseils de l'institution scolaire. Après quelques séances, j'annonce au thérapeute : « C'est la dernière fois que je vous vois, j'ai décidé d'arrêter car je viens d'entrer aux Jeunesses communistes. – Tu me remplaces », me dit-il. Je hoche la tête avec détermination. Le sort en est jeté, je ne serai jamais une bonne couturière. Mes parents plient devant mon esprit frondeur et me suggèrent de changer d'établissement pour une école mixte, ce que j'accepte avec soulagement. Ils m'inscrivent au concours d'entrée à l'École alsacienne que j'intègre sans difficulté en tant que boursière. Le directeur, Georges Hacquard, le sous-directeur, M. Hamel, et le surveillant général, M. Babinot, sont tous trois d'anciens résistants et savent précisément quels sont les engagements de mes parents. À l'alsacienne, je découvre le monde des nantis, inconnu jusqu'alors, mais je m'y sens bien.

Par réaction à ma timidité native, je deviens leader de ma classe de troisième et entraîne mes camarades dans la défense des causes qui me tiennent à cœur, dont celle du Secours populaire. Le 1er Mai, on peut nous voir dans les rues du 10e arrondissement pour la vente du muguet. On nous voit dans les manifestations pour la paix au Viêt Nam où l'on collecte des dons afin d'envoyer des ambulances aux blessés. À l'automne, on nous voit collecter à la Fête de l'Huma. À l'école, on me voit à une conférence d'Emmanuel d'Astier de La Vigerie. L'écrivain et journaliste se définit alors comme un gaulliste de gauche. À la fin de son intervention, impressionnée par ses propos empreints d'humanisme, je m'approche et lui demande sans détour : «Je ne comprends pas pourquoi vous n'êtes pas engagé au PC.» L'homme, qui mourra quatre ans plus tard, me répond dans un sourire : «Je suis trop vieux pour ça.» En 1967, alors que je viens d'entrer en première, je participe à la création du premier cercle des Jeunesses communistes «Che Guevara». J'en parle à mes camarades de classe, ils me préviennent : «Tu vas finir par te faire virer de l'école.» Il n'en est rien et rien ne pourrait m'arrêter.

Sauf les vacances estivales ! Grâce aux petites annonces de *L'Humanité*, mon frère et moi séjournons dans des familles d'accueil à la ferme. Une fois par an, nos parents nous embarquent en train sur les routes d'Italie, de Suisse, de Hollande, d'Autriche. Ils ont à cœur de nous faire aimer ce qui est beau. À 14 ans, avec la bénédiction de mes parents, j'emmène mon frère cadet en stop visiter les châteaux de la Loire. Cette liberté, cette autonomie n'apaise pas mon esprit rebelle et les relations deviennent tumultueuses avec mes géniteurs. Mais quand je jette à ma mère que je n'élèverai jamais mes enfants comme elle l'a fait, elle répond sans émoi : «C'est donc que j'ai réussi.»

6

Vivre des jours heureux

En 1968, je fais partie de la chanceuse promotion des futurs bacheliers auxquels le diplôme sera prétendument offert par souci d'apaisement. Cadeau ou pas, les examens ne m'inquiètent guère. Au mois de mai, je parcours la capitale en tous sens, dans les manifestations et les théâtres occupés, toujours un tronc à la main pour des collectes au profit des grévistes et de leurs familles. À la fin de la journée, alourdie par le poids des pièces, je file faire les comptes au siège du Secours populaire. On me donne un reçu. Puis l'argent est mis au coffre. Tout le monde veut croire que le Grand Soir est sur le point d'arriver.

Mais bientôt le conflit s'envenime. Le fils du préfet de police Grimaud est dans ma classe et, lui aussi, sur tous les fronts de la mobilisation. Il ne se prive sans doute pas de décrire les violences policières à son père. Le haut fonctionnaire et homme de lettres se rend au chevet des manifestants blessés et refuse de faire couler le sang de la jeunesse. Au beau milieu des échauffourées, il adresse une lettre édifiante aux forces de l'ordre qu'il dirige, une lettre à « toute la Maison : aux gardiens comme aux gradés, aux officiers comme aux patrons ». Il y réprouve ouvertement « les excès dans l'emploi de la force. Frapper un manifestant tombé à terre, poursuit-il, c'est se frapper soi-même en apparaissant sous un jour qui atteint toute la fonction policière ».

En mai 2021, gare de l'Est, alors que je me rends à ma librairie, je vois des policiers appréhender brutalement un jeune homme. Il est noir. Fouille au corps. Tous les effets de son sac sont passés au crible. Les policiers ouvrent une petite boîte de Nivea. Ils y mettent les doigts et n'y trouvent rien d'autre qu'une crème pour la peau. Alors je pense au préfet Grimaud, à son fils, mon condisciple de l'École alsacienne, à Mai 68, au slogan « La beauté est dans la rue » et je me demande à quel moment arrivera le véritable projet du Secours populaire, sa dissolution faute de gens à aider, à quel moment arrivera le Grand Soir de la justice sociale.

Malgré les espoirs des années 1960, la guerre se rappelle parfois à nous. Souvent, en fait. C'est aussi l'époque des échanges linguistiques avec l'Allemagne. Sur les prospectus locaux, je vois que Dachau est vantée pour ses attraits touristiques. Choquée, je m'en ouvre à ma mère. Elle répond, toujours impavide : « Ce n'est pas la même chose pour eux. » Ma grand-mère paternelle, installée en Israël, ne fait pas preuve du même sang-froid. Alors que l'un de mes frères lui adresse une carte postale du lac Balaton, il reçoit une réponse salée : « Tu n'as pas honte ? C'est sur ces rives que l'un de mes frères a été assassiné par des fascistes. »

Ces bribes de vie font mon adolescence : l'engagement au Secours populaire ; les voyages dans une Europe qui porte les traces de la barbarie récente ; une famille hantée par la combativité sur tous les fronts. Il faut dire qu'à l'époque, « plus jamais ça » n'est pas une expression usée, dévoyée, finie ; c'est une obsession, c'est un cri de rage aussi puissant que la fameuse gueule béante de Munch ; c'est un but intime qui espère trouver un écho collectif, c'est une lame qui vous transperce les tripes d'imaginer qu'un tel désastre pourrait advenir de nouveau.

Alors on éprouve la perception aiguë d'un fossé qui se creuse avec ceux qui n'ont pas la connaissance de l'horreur. Avec ceux qui n'ont pas lu, ceux qui ne veulent pas savoir, ceux qui persistent à dire que les chambres à gaz n'ont pas existé, que le Zyklon B n'était pas fabriqué en France ou seulement pour dératiser. Ceux qui croient à la réconciliation nationale, avec un Bousquet en prime. Ceux qui croient à la paix des braves malgré les guerres d'Indochine, d'Algérie, du Viêt Nam. Ceux qui croient aux Trente Glorieuses malgré les taudis insalubres, les ouvriers sans autre gloire que de mourir à la tâche. Ceux qui s'aveuglent et ne veulent pas voir la noirceur des individus; comme ceux qui, à l'inverse, nous décrètent tous pourris, voulant nous persuader que la collaboration, la trahison, la cupidité sont inscrits irrémédiablement dans l'ADN de l'espèce humaine. C'est si facile de berner les masses et de les soustraire à des formes simples de révolte et d'humanisme.

Cette réflexion contribue à mon rapprochement continu avec le Secours populaire. Ce sont mes fondations. Et elles sont inébranlables. Après le bac, la proximité culturelle et idéologique que je ressens avec l'association ne cesse de croître. M'impliquer dans ses initiatives, bientôt les impulser ou les théoriser, en France et dans le monde entier, c'est ma vie. Un travail «pour des jours heureux», comme l'annonce le programme du Conseil national de la Résistance en 1944. Et comme le préconise, soixante-dix ans plus tard, Julien Lauprêtre, alors président du Secours populaire français: «Nos initiatives, et la solidarité populaire qu'elles sèment au quotidien, vont contribuer à faire vivre *des jours heureux*[1].»

1. Henriette Steinberg, *Vigie et aiguillon des pouvoirs publics. Le Secours populaire français*, préface de Julien Lauprêtre, Les Balustres, 2014.

7

Prendre son destin en main

En 1969, je quitte le domicile familial pour vivre seule dans une pièce de 15 mètres carrés achetée par mes parents rue Saint-Séverin, dans le 5e arrondissement. Mon nouveau logement me satisfait pleinement malgré son inconfort et les toilettes à mi-étage. J'y resterai sept ans en toute indépendance. Je suis inscrite en première année de médecine. Mais aussi à l'Unef, à l'Union des étudiants communistes (UEC) et à des cours de Võ-Viêt Nam. Qui a participé à des bagarres entre militants de l'UEC et les types d'extrême droite du GUD comprendra le rapport. Le Võ-Viêt Nam est un art martial sans armes mais qui prouvera aussi son efficacité quand on essaiera de me voler mon sac à main ou quand des trotskistes voudront jeter des militants de l'UEC par les fenêtres de Censier.

Pendant l'été, j'ai assuré le service au self du personnel de la Fnac du Châtelet afin de financer mes études, et je suis embauchée dès la rentrée pour vendre des téléviseurs. Je crée la cellule CGT de l'entreprise, ce qui me vaut d'être licenciée. Ma réputation d'étudiante engagée me précède partout et à la fin de ma première année de médecine à La Salpêtrière, le doyen me lance, au vu de mes résultats : « Quand on a des opinions comme les vôtres, on ne peut pas se contenter de la moyenne pour réussir. » Plutôt que de redoubler, je change de voie. Ce n'est pas un regret pour le doyen. Pas davantage pour moi. Grâce à un poste de secrétaire médicale dans un laboratoire de cytologie trois ans plus tard, je comprendrai que je n'aurais pas supporté l'idée de la mort des patients. Malade, solitaire, misérable, marginal, l'être humain ne m'effraie pas, mais à la perspective d'être impuissante, confrontée à un corps sans vie, je suis démunie.

Deuxième année universitaire, nouvelle donne. J'entre en premier cycle d'études de mathématiques et de sciences humaines, double cursus que je poursuivrai jusqu'à la licence cette fois, et je deviens parallèlement secrétaire-vendeuse dans la grande librairie-papeterie de la porte de Champerret. Est-ce le contact retrouvé avec les livres et la fiction qui oriente la fin de mon parcours universitaire ? Dans ma bibliothèque de jeune fille trône toujours, comme un étendard, l'édition de poche des *Misérables* qu'une institutrice m'avait confisquée alors que je lisais sous la table pendant les cours de calcul. J'avais piaffé jusqu'à la fin de l'année dans l'attente de le récupérer et de m'y replonger. En 1996, alors qu'elle est à la retraite, et en digne héritière de son père qui a repris une librairie à Grenoble après la guerre, ma mère ouvrira la sienne, appelée La Balustrade, avec vue sur la gare de l'Est. Et dans cet endroit, aujourd'hui encore, derrière la caisse, il y a la photo de la librairie de mon grand-père paternel à Bucarest. En choisissant la dominante lettres modernes et histoire en deuxième cycle, est-ce que je reviens aux sources familiales ou aux plaisirs de mon adolescence? Une chose est sûre, mes piètres résultats en mathématiques décident aussi pour moi.

L'année de la maîtrise, je me penche sur une des propositions de sujet d'études: «Les feuilletons littéraires du *Petit Journal* de 1890 à 1895.» *Le Petit Journal* fut l'un des principaux quotidiens du XIXe siècle et tous les écrivains se bousculaient alors pour tenir les lecteurs en haleine avec leurs histoires à rebondissements. Ce qui m'intéresse rapidement dans ce sujet, au-delà de la question littéraire, c'est son impact social. S'il participe à l'essor de la lecture dans les classes populaires, c'est parce que *Le Petit Journal* est distribué massivement, transporté par train dans toutes les régions de France puis vendu, sous le nom de «littérature bleue», par une multitude de petits colporteurs.

J'ai amassé des notes dont je me demande bien comment les traiter. J'en parle à mes amis de l'UEC qui me font rencontrer le professeur Benzecri, introducteur en France de l'analyse factorielle de correspondance. Il m'explique comment organiser mes notes en données informatisables. Cette lecture scientifique des textes, cette méthode statistique appliquée à la littérature me plaît. Et les résultats qui en découlent constituent l'essentiel de mon mémoire dirigé par Michelle Perrot, historienne majeure de l'histoire des femmes, et par un autre professeur. Si, lors de ma soutenance, la première s'intéresse à mon travail de recherche, le second juge que je suis hors sujet car, en annexes, j'ai étudié une série d'articles de Louise Michel publiés par *Le Petit Journal*. La femme de lettres y détaillait sa méthode pour enseigner aux enfants kanaks. Le professeur ajoute que la dactylographie de mon mémoire est déplorable, et je lui précise que «je ne présente pas un rapport chez Pigier». J'obtiens une note tout juste correcte, en tout cas incompatible avec une bourse l'année suivante. Le sentiment d'injustice a toujours pour effet de me délier la langue. Je demande poliment qu'ils revoient leur position en tenant compte de cette information. Michelle Perrot me prie de sortir de la salle, et à mon retour, après concertation, elle m'annonce sans sourciller que j'ai obtenu la mention «très bien».

Cette soutenance inhabituelle va aussi me donner l'occasion de vivre une expérience passionnante d'intrication entre passé et présent. L'une de mes professeures et amies, Mme de Felice, vient à moi alors que je ramasse mes affaires. Elle prend des nouvelles de ma soutenance, mes mésaventures la font rire. «Mon mari est avocat, me dit-elle, il défend les Calédoniens indépendantistes, veux-tu que je te le présente ?» Chez Me Jean-Jacques de Felice, je rencontre des Kanaks en chair et en os. J'ai le sentiment de confronter au vivant les archives épluchées pendant des mois. Je découvre que les Calédoniens ne veulent pas se libérer de leur mémoire d'opprimés pour construire leur pays, car l'Histoire a un sens pour eux et l'autonomie s'appuie sur le récit national, si pénible soit-il, mais faire accepter que, dans ce récit, le seul point de vue valable est celui du colonisé. Ils aiment rire aussi des sottises occidentales. L'un d'entre eux me lance, railleur : «On dit qu'on est anthropophages, mais on ne mangerait jamais un Blanc. Pourquoi ? On ne mange que ce qui donne du courage, et de ce point de vue, les Blancs ne sont pas intéressants.» Le garçon est drôle, percutant et d'une grande douceur à la fois. Cette rencontre à elle seule me semble justifier le «hors sujet» qui a failli me coûter ma bourse. Et elle viendra rétrospectivement confirmer le bien-fondé de la ligne de non-ingérence du Secours populaire quand il aide une population hors de l'Hexagone.

Deux ans plus tard, je passe les concours sans conviction, pour voir, et je suis collée au Capes ainsi qu'à l'agrégation. Malgré mon parcours sinueux, je n'ai pas perdu mon temps à Paris-VII, j'ai créé le premier comité du Secours populaire en milieu étudiant. Je suis sans doute la première aussi à avoir créé un local associatif dans une cage d'ascenseur désaffectée. J'entraîne sans mal les étudiants dans mon sillage de collecteur bénévole. On se présente dans les restaurants universitaires avec du chocolat à vendre. Les étudiants se mettent à trois ou quatre pour acheter une tablette. Et les troncs en fer débordent de dons. L'identification est immédiate entre collecteurs et donateurs : pas de surplomb social, pas de sermons moralisateurs, pas d'écran administratif, et ceux qui donnent ont conscience que peut-être, un jour, ils devront pouvoir compter sur l'entraide collective. Si je m'étonne déjà à l'époque que cette pratique solidaire ne parvienne pas à s'étendre à tous les citoyens alors qu'elle est commune à toutes les cultures dans le monde entier, les amis du Secours populaire, eux, n'en reviennent pas de mes performances de collectrice. Ma boîte est systématiquement la plus lourde. Toujours cette histoire de regard, de culot, de conviction chevillée au corps, d'échange aussi qui dépasse les questions matérielles. Mais ce qui me motive avant tout, c'est l'idée forte du Secours populaire : prendre son destin en main, inviter chacun à se mettre en mouvement pour faire pièce à la misère et au désespoir.

8

Interroger les aspirations des Français

En 1974, après mon échec à l'agrégation, je cherche un emploi. Je suis recrutée à mi-temps au Credoc, ou Centre de recherches et de documentation sur la consommation[1]. Ce sont les débuts de l'histoire économique et sociale quantitative qui repose sur des outils statistiques. Les conditions de vie des Français y sont scrutées à la loupe grâce à des études longitudinales, c'est-à-dire étalées dans le temps et, ici, financées de façon pérenne par la Caisse nationale des allocations familiales.

Je dois étudier les enquêtes de terrain, analyser les réponses, et écrire des rapports en conséquence. Le projet scientifique auquel je collabore avec deux autres chercheurs-ingénieurs vise alors à établir la perception de la qualité de vie par les Français[2].

---

1. En 1976, le Crédoc devient le Centre de recherche pour l'étude et l'observation des conditions de vie.

2. Henriette Steinberg-Castro, Jean-Pierre Fénelon, Yvette Houzel, *Perception et méthodes d'approche de la notion de qualité de vie*, Crédoc, décembre 1980.

Je suis chargée des femmes ouvrières. Le questionnaire soumis aux citoyens pour l'enquête « Aspirations » suscite des réponses d'un intérêt frappant. On peut y lire un florilège de désillusions, de critiques lucides, jamais de renoncement : « Les bas salaires doivent augmenter plus vite que les gros » ; « Ce que ma femme et moi, retraités, craignons le plus, c'est de ne plus toucher des retraites qui ne sont déjà pas très fortes ». Certaines réponses font froid dans le dos si l'on veut bien considérer qu'elles datent des années 1970 et admettre qu'elles se posent aussi vivement aujourd'hui : « Je voudrais qu'il y ait moins d'injustices sociales » ; « Nuisances à la qualité de vie et de l'environnement : passages quotidiens des avions à réaction qui perturbent l'équilibre physique et psychique des personnes et des animaux » ; « J'ai simplement omis de dire que j'étais contre la pollution, le chômage » ; « Ça ne va pas bien chez les agriculteurs, on mange de l'argent avec les cochons ». On voit aussi apparaître des critiques du questionnaire qui dépassent les problèmes matériels : « Pas assez de questions concernant nos préoccupations d'ordre spirituel, moral ou intellectuel. » Enfin, et tout est dit : « Je pense que la vie est monotone, le gouvernement ne fait rien pour les gens qui sont pauvres. » L'étude des contraintes des ouvrières, des répercussions du travail sur la santé, sur le vieillissement des femmes, font mon quotidien professionnel et je sens un profond changement de climat social dans les deux dernières années de la présidence giscardienne. La colère monte chez les salariés qui s'interrogent sur leur sort, alors que les technocrates aux manettes affichent à leur sujet un désintérêt de plus en plus désinhibé.

Faut-il souligner que mes activités au Crédoc assurent une continuité parfaite avec mon engagement au Secours populaire ? Sauf qu'au Secours populaire, j'ai le sentiment d'agir. Au Crédoc, les milliers de gens interrogés, les centaines de pages de chiffres et d'analyses sur l'anxiété grandissante des classes défavorisées restent lettre morte. Bientôt nous apprenons la réduction des crédits alloués par l'État, l'obligation de chercher de nouvelles ressources, tout en nous préparant à ce qu'on n'appelle pas encore un « plan social ». Les organisations syndicales, dont la CGT, se mobilisent. En tant que secrétaire du comité d'entreprise, je suis en tête de liste des licenciements, même dans une entreprise parapublique. Pas de surprise, les méthodes sont connues. Grâce à l'action des syndicats, les licenciements sont oubliés. Mais les résultats de nos travaux témoignant d'une situation devenue insoutenable pour beaucoup dans la population française, je me mets en quête d'un emploi utile.

9

Avoir un emploi en rapport avec ses convictions

Habituée des petites annonces de *L'Humanité* – c'est là que mes parents trouvaient les vacances à la ferme de leur progéniture –, je tombe sur une offre pour un poste de directeur des services administratifs de la mairie de Champigny-sur-Marne. Je n'ai pas la moindre idée de ce qu'est une collectivité territoriale mais je m'intéresse à l'informatique, aux ressources humaines et à tout ce qui touche aux conditions de travail. Je suis reçue par Simone Gaudichon, militante de choc et adjointe du maire Jean-Louis Bargero, lequel est aussi présent et prêt à me recruter. Mais ce poste est ouvert, me dit-on, à un fonctionnaire, qui seul peut prétendre à ce grade. Et l'emploi envisageable pour la non-fonctionnaire que je suis me vaudrait un salaire très inférieur à celui que je touche au Crédoc. Je refuse tout net. Le bénévolat est réservé au Secours populaire, j'ai une famille à charge, je ne transige pas sur la rémunération de ma force de travail, pas plus que sur le niveau de responsabilité à assumer. Finalement, ils revoient leur projet pour m'y intégrer.

Dans cette municipalité de gauche depuis 1912, et rouge depuis 1950, engagée dans le soutien à la jeune République espagnole en 1936, refuge de 10000 Portugais fuyant la dictature Salazar dans les années 1960, créatrice au fil du temps de théâtres populaires et de jardins ouvriers, dans cette ville aux barres lovées entre deux bras de la Marne et aux rives bétonnées, herbues ou maraîchères, je me sens tout de suite à ma place.

Et c'est pareil avec les fonctionnaires territoriaux dont j'ai la charge. À l'évidence, l'étude des populations défavorisées, autant que mon éducation tournée vers autrui, et un tropisme, somme toute inexplicable, me permettent de communiquer naturellement avec les ouvriers. Avec les cadres dirigeants, c'est une autre affaire. Je ne comprends rien au vocabulaire et aux méandres de la hiérarchie administrative. De la même manière, quand je serai recrutée neuf ans plus tard au conseil général du Val-de-Marne, je ne rencontrerai jamais de problèmes pour avancer avec les éducateurs, les chauffeurs ou les travailleurs chargés de l'assainissement, mais les échanges glacés avec l'encadrement ne manqueront pas. La raideur intellectuelle, le manque de bon sens et d'empathie avec l'ensemble des personnels m'agacent, et quand je suis agacée, ça se voit. J'ai beau m'essayer parfois à la diplomatie, on lit sur mon visage comme à livre ouvert.

Dans cette municipalité communiste, je consacre donc mon temps aux employés de la voirie comme aux éboueurs et aux jardiniers de la ville dont j'ai la responsabilité, sans trop m'attarder sur les états d'âme de l'encadrement. Dans un souci de cohérence et d'efficacité, à la mairie de Champigny, je trouve aisément un bureau au milieu de mon équipe plutôt qu'auprès des élus. Mais au conseil général, les rapports seront plus toniques. On refuse de répondre à la même demande. Têtue, je trouve une petite pièce sans fenêtre, avec un unique vitrage zénithal au plafond. Je fais déplacer les archives qui l'occupent et je m'y installe. L'encadrement est hystérique, le président, Michel Germa, me dit : « Tu vas au cœur de la tourmente. » Très vite, je suis perçue comme l'ennemie des privilèges. Je suis explicite : « C'est comme vous voulez, si ça ne vous convient pas, demandez votre mutation. » Je ne pouvais pas plier. Tous le savaient, les services administratifs étaient confrontés à la rétention d'information, aux relations conflictuelles. Les organisations syndicales s'en plaignaient. Et elles avaient raison.

Au cours de cette activité professionnelle, j'ai eu le sentiment d'en apprendre chaque jour sur le fonctionnement de la vie collective et sur les améliorations qu'on pouvait y apporter. J'ai appris à solliciter la médecine du travail pour convaincre les égoutiers de se faire vacciner contre le risque de leptospirose, conséquence d'une bactérie rejetée dans les urines des rats. J'ai appris à calculer le budget des achats de lait pour les crèches ou le nombre de puéricultrices nécessaires pour soixante enfants, à comprendre les tâches d'éducateurs comme celles des agents d'entretien, car créer une crèche où étaient reçues les familles défavorisées ne suffisait pas, il fallait s'assurer qu'on leur offrirait le meilleur accueil et des activités susceptibles d'ouvrir les enfants au monde. J'avais alors très vivement à l'esprit l'un de mes jobs d'étudiante dans le centre d'éducation surveillée pour jeunes filles de Brécourt. Cette institution, modèle lors de sa création en 1947, ne l'était plus quand j'y étais arrivée à la fin des années 1960. Le développement éducatif n'était pas en phase avec l'évolution de la société et les besoins des jeunes n'étaient pas pris en considération. En témoignait le petit-déjeuner où le malt servi aux gamines provenait de stocks de la Seconde Guerre mondiale !

À Champigny, nous savions qu'on ne pouvait se contenter d'avoir des structures, nous voulions des structures efficaces. J'ai aussi appris comment organiser un service informatique et prendre en compte les besoins des usagers. Ce service, c'était souvent le plus coton. Si vous demandez une innovation à un informaticien, il vous répond toujours que c'est impossible. Au conseil général du Val-de-Marne, cet immobilisme relevait de la caricature. Alors, j'ai testé une méthode que j'ai fini par adopter et qui consistait à répondre : «J'entends tes arguments, mais, s'il te plaît, reviens quand tu pourras répondre positivement. Si des moyens supplémentaires sont nécessaires pour concrétiser ton idée, on examinera ça ensemble. » C'était la botte secrète : les moyens. Les gens sont usés d'imaginer des solutions pour s'entendre répondre ensuite qu'elles sont trop chères à mettre en œuvre. Il ne s'agit pas d'accomplir des prodiges. Si les demandes sont en rapport avec la réalité, raisonnablement ambitieuses et surtout nécessaires, il faut bien trouver une issue. Nous ne procédons pas autrement au Secours populaire. Et puis à Champigny, comme au conseil général, il y avait une réelle implication des élus auprès des citoyens. Les permanences ne désemplissaient pas et les retours nous permettaient de rectifier le tir rapidement en cas de dysfonctionnement ou de carence.

Et des carences, il y en avait dans les années 1980 à Champigny. C'était structurel : 45 nationalités pour la seule cité du Bois-l'Abbé. Pas assez d'emplois, des situations économiques difficiles. Les clubs sociaux fermés faute d'argent. L'affaire remontait à l'après-guerre et à la pénurie de logements à Paris. Comme beaucoup s'en souviennent, durant l'hiver 1954, l'abbé Pierre avait lancé un appel virulent pour dénoncer les conditions de vie des pauvres échoués dans les bidonvilles de la périphérie de la capitale, ceux-là mêmes où ma mère avait œuvré avec ses amis du Secours populaire. L'État a réagi, dans l'urgence, sans ouvrir de perspectives réelles. À la fin des années 1950, c'est à Noisy-le-Grand et à Champigny-sur-Marne qu'on a déplacé les bidonvilles, avec 14 000 migrants portugais que la France était allée chercher pour les chantiers de construction. Il fallait cacher ces pauvres qu'on ne voulait pas voir. Quand les harkis ont quitté l'Algérie où ils risquaient leur vie, ils ont compris très vite qu'ils n'étaient pas des Français comme les autres. Ces hommes ont été parqués par origines. À Champigny comme dans toute la banlieue de l'est parisien. Pas question qu'ils s'installent dans les rues de Paris qu'ils contribuaient pourtant à rénover. En 1965, l'Opac de Paris a construit les barres HLM tout béton, et les infrastructures n'ont pas suivi. La population de Champigny était passée de 30 000 habitants en 1935 à 80 000 en 1985, époque où je travaillais pour la commune. La cité du Bois-l'Abbé était ceinturée par une avenue qui l'isolait des zones pavillonnaires. À l'intérieur de la cité, un monde à part, un monde en soi, les voies sans issue s'entrecroisaient comme dans un labyrinthe imaginé par des gens qui savaient qu'ils n'y vivraient jamais. Quant aux espaces verts, aires de jeux et lieux de lien social, la ville a dû s'y atteler seule. Et le chômage a suivi, la délinquance, les affrontements avec la police de quartier, bien plus tard. Comment pourrait-il en être autrement ? L'histoire urbanistique de Champigny, c'est celle de toutes les ZUP. Et son évolution sociale, *idem*.

Un seul impératif a organisé mon existence jusqu'à la retraite : avoir un emploi salarié compatible avec mes convictions. Entre 1972 et 2011, au Secours populaire, j'ai exercé mes activités sans jamais être rémunérée. En revanche, les responsabilités professionnelles et bénévoles se sont nourries les unes les autres. Ce fut la garantie de mon indépendance intellectuelle et, me semble-t-il, un gage d'efficacité.

10

Continuer le combat

Ce jour de 1942, quand la Gestapo pénètre dans un logement modeste du 12e arrondissement, elle y trouve une femme alitée. On lui demande où est son mari. « Il m'a quittée », répond-elle. La milice allemande perquisitionne le petit appartement. C'est vite fait. Ils fouillent l'unique armoire. En vain. « Elle est vieille, cette armoire. Il faut la changer ! » C'est ce qu'ils disent à la femme, pas dupes de son mensonge. La femme répond : « Elle durera toujours plus longtemps que vous ! » La femme a du caractère et du courage à revendre. Son mari, Jean, aussi. C'est un cheminot, résistant de la première heure. Il prend la clandestinité ce jour-là. Les nazis ont retourné la gare de Lyon pour le trouver, il les a égarés au bout des voies, histoire de se laisser le temps de filer.

Le fils unique de ce couple pas commun s'appelait Julien. Julien Lauprêtre, un ouvrier miroitier né en 1926 qui fut recruté au Secours populaire à 27 ans.

Si son père Jean fut le fondateur de la cellule CGT des cheminots de la gare de Lyon et membre du Parti communiste avant la Seconde Guerre mondiale, c'est parce qu'il avait connu les tranchées de la Première, puis les marches des chômeurs en 1934, et les cortèges pour le Front populaire en 1936. L'homme savait parfaitement où il allait, ce qu'il attendait d'équité pour les hommes, quel monde de paix et de justice sociale il voulait édifier, et inévitablement, il devint un exemple pour son fils qui s'inscrivit très jeune dans ses pas : ouvrier et militant. Mais après le certificat d'études et un apprentissage de tailleur de glace, après des emplois dans diverses miroiteries parisiennes, Julien vit à son tour la guerre percuter sa vie. Et tout fut à recommencer.

Julien Lauprêtre, sans doute par comparaison avec son père, se définissait comme un «petit résistant». À 15 ans, sa bande de copains et lui se moquent de l'occupant. Ils tournent ostensiblement le dos aux parades et défilés allemands. Un jour qu'ils sont une trentaine à prendre le train à la Bastille pour aller nager dans la Marne, ils s'affichent tous avec un foulard rouge autour du cou. Un an plus tard, Julien et deux de ses amis montent un groupe de résistance qui intégrera plus tard le réseau clandestin des Jeunesses communistes. Les trois adolescents lancent des tracts aux Parisiens et des barrières sur les installations des occupants. À 17 ans, Julien est arrêté sur dénonciation. Alors qu'il ne porte même pas d'arme, il est emmené à la préfecture de police de Paris par les Brigades spéciales, zélés tortionnaires des « ennemis de l'intérieur ». Au cours de sa détention, il est placé en cellule avec des gars plus âgés que lui, visiblement plus expérimentés. Des résistants qui ont subi des sévices atroces et dont Julien comprend vite qu'ils ont un comportement héroïque pendant les interrogatoires. L'un d'eux s'est rapproché de lui au fil des jours et lui dit : « Nous, on va mourir, mais toi, tu dois continuer le combat pour un monde plus juste. »

C'est quatre mois plus tard, en sortant de la prison de la Santé, libéré sous contrôle judiciaire et condamné au Service du travail obligatoire (STO), que Julien tombe sur une affiche de propagande nazie. Sur fond rouge, on y voit dix hommes, choisis parmi les vingt-trois Francs-tireurs et partisans – Main-d'œuvre immigrée (FTP-MOI) exécutés quelques semaines plus tôt. « Des libérateurs ? La libération par l'armée du crime ! » titre l'affiche qui s'emploie à déstabiliser la Résistance française en misant sur l'antibolchevisme et la xénophobie de l'opinion publique. Et sous l'une des photos, dont Julien reconnaît immédiatement le visage, il peut lire : « Manouchian – Arménien, chef de bande, 56 attentats, 150 morts, 600 blessés. » C'est donc ainsi que s'appelle l'homme qu'il a côtoyé en prison et qui lui a délivré un ultime message. Manouchian lui a transmis le témoin de la lutte contre les oppresseurs et, sur son bout de trottoir, face à l'affiche rouge, Julien s'y accroche de toutes ses forces pour ne pas céder à l'effondrement. Il est profondément atteint par l'exécution de son codétenu. «Aujourd'hui, dit sa fille Denise Lauprêtre, on parlerait de stress post-traumatique.» Alors qu'il vivait les heures les plus angoissantes de sa jeune existence dans les cellules de la Gestapo, Julien a mis au pas la terreur pour ne voir que le courage de ses compagnons de cellule. Et soudain, avec leur mort, c'est la victoire de la barbarie qui lui explose à la figure. Julien ne veut pas de cette victoire. Impossible. Il entend la voix de Manouchian à son oreille. Et déjà, il n'a plus le choix : toute sa vie va consister à honorer une promesse jamais formulée.

Il décampe et se cache chez une tante à Lyon pour échapper au STO. À la Libération de Paris, il est de nouveau là, à monter des actions risquées contre les Allemands, à courir des barricades de la rue du Chevaleret à celles de la place du Colonel-Fabien. Un jour, on le croit mort lors d'une embuscade et les gars se réunissent pour l'annoncer à sa mère. Il est pourtant bien vivant. C'est même le moment qu'il choisit pour commencer les formations du PC et l'engagement syndical. De 1949 à 1950, il prend la responsabilité des Jeunesses communistes et devient, un an plus tard, le secrétaire du député communiste de la Seine, Raymond Guyot, lequel l'expédie quelques jours au Secours populaire, débordé, pour y donner un coup de main. Julien n'en repartira plus. Pierre Éloire, secrétaire général de l'association, prend sous son aile ce jeune homme bon enfant, bon vivant, naturel avant tout. Il est si impressionné par son efficacité que, bientôt, il ne veut plus s'en séparer et il le recrute comme secrétaire administratif. Après le décès de Pierre Éloire, en 1955, Julien Lauprêtre est élu secrétaire général, faisant fonction de président, au congrès de Gennevilliers et réélu sans discontinuer.

11

Peser sur les conséquences des drames

« Rien n'est fait tant qu'il reste quelque chose à faire. » L'écrivain pacifiste Romain Rolland a écrit cette phrase et l'a appliquée. Cinq ans après la Première Guerre mondiale, en toute cohérence avec lui-même et son époque, il participe à la création de la section française du Secours rouge international. Militants communistes et intellectuels antifascistes ont décidé de porter la parole de ceux qu'on voudrait faire taire : bagnards, militants anticolonialistes, ouvriers licenciés pour activité syndicale, prisonniers politiques, enfants de chômeurs.

À la faveur du Front populaire, l'association change de nom pour devenir le « Secours populaire de France et des colonies » et affiche son soutien aux populations natives afin de dénoncer leurs conditions de vie. Elle organise aussi l'aide à l'Espagne républicaine sur place et auprès des familles réfugiées souffrant dans les camps d'internement français, ainsi qu'aux populations de l'est et du sud de l'Europe fuyant les régimes fascistes et nazis jusqu'en 1939. Mais peu après son arrivée au pouvoir, Édouard Daladier, qui veut resserrer les rangs des Français autour de l'anticommunisme et satisfaire les exigences de la droite du Parlement, détruit une partie des progrès sociaux nouvellement acquis, avant d'exiger la dissolution du PCF et des associations qui lui sont liées. Le Secours populaire est aux premières loges.

Durant les années noires, c'est toute la vie associative que les nazis mettent au pas. Le régime de Vichy promulgue l'ordonnance du 28 août 1940 qui interdit les « sociétés secrètes » et autres associations, hormis les groupements caritatifs au service de l'idéologie dominante, soit au service de la famille et de la patrie telles que les conçoit Pétain. Sans surprise, ce dernier maintient la dissolution du Secours populaire et lui oppose son Secours national. Le Secours populaire refuse de se soumettre et poursuit ses actions dans la clandestinité en étroite liaison avec les mouvements fédérés de résistance. La moitié des cadres dirigeants de l'association, communistes et résistants, seront fusillés ou déportés pendant l'Occupation.

À la Libération, le Secours populaire de France se rapproche naturellement de l'Association nationale des victimes du nazisme et, en 1945, c'est de leur fusion que naît le Secours populaire français qui poursuit sa ligne de défense des grévistes et des victimes des répressions. Ses statuts paraissent au *Journal officiel* en 1946. Dans l'immédiate après-guerre, nombre de dirigeants communistes intègrent le Secours populaire, conformément à l'organisation statutaire du PC qui demande à ses militants de s'investir dans les organisations de masse pour mettre en pratique et diffuser les orientations du parti. Le Mouvement de la paix, l'Union des femmes françaises, les Pionniers, mais aussi le Secours populaire français, s'inscrivent dans cet ensemble.

Quand le jeune Julien Lauprêtre débarque au Secours populaire en 1951, c'est en tant que bénévole. Bien qu'il ait tout laissé tomber pour se consacrer à l'association, il n'y aura pas d'argent pour le payer avant 1970. En attendant d'être un jour salarié, il se débrouille pour nourrir sa femme et ses quatre enfants avec les collectes. La joie de vivre et les idées astucieuses compensent la frugalité des repas. La famille mange du riz à l'oignon plus souvent qu'à son tour ! C'est un lourd sacrifice, lucidement consenti, qui exige cependant une contrepartie : des résultats visibles. Julien n'a pas peur de mettre les pieds dans le plat. Car il sent que ça cloche. Quand on lui annonce un défilé au mur des Fédérés, il dit qu'il convient certes d'honorer les anciens insurgés, les désespérés d'hier, mais demande : pour ceux d'aujourd'hui, on fait quoi ? Pourquoi se contenter de distribuer des tracts, de rédiger des appels à la conscience des politiques, des adresses au président Auriol, de signer des pétitions, qu'est-ce que ça change au fond ?

On lui répond : « Tu comprendras... » Sous-entendu : c'est bien beau d'être tout feu tout flamme quand on débarque, mais on en fait déjà assez. Julien s'entête et, à l'hiver 1954, comme toute la population, il entend l'appel de l'abbé Pierre sur Radio Luxembourg après la mort d'une femme tout juste expulsée de chez elle : « Mes amis, au secours... Une femme vient de mourir gelée, cette nuit à trois heures, sur le trottoir du boulevard Sébastopol [...]. Que tant de douleur nous ait rendu cette chose merveilleuse : l'âme commune de la France. Merci ! Chacun de nous peut venir en aide aux "sans-abri". Il nous faut pour ce soir, et au plus tard pour demain : cinq mille couvertures, trois cents grandes tentes américaines, deux cents poêles catalytiques. » Les Français répondent comme un seul homme à l'appel de l'abbé Pierre et on parle d'« insurrection de la bonté ».

Dont acte. Cet appel et ses résultats vont dans le sens de l'intuition de Julien. Dès lors, sous son impulsion, l'idée de solidarité du Secours populaire s'élargit : elle est désormais morale et matérielle. Sans fanfare, Julien Lauprêtre fait aussi basculer l'association dans une toute nouvelle conception de sa fonction, avec pour seul objectif de « l'ouvrir à toute personne convaincue de la nécessité d'agir auprès des victimes de tous les drames humains sans plus se limiter aux seules victimes de la répression politique[1] ».

1. Voir le site https://www.secourspopulaire.fr

C'est avec la catastrophe de Malpasset, en 1959 – un barrage qui a cédé, dévastant la ville de Fréjus et faisant 405 victimes –, que Julien donne la note de ce changement d'orientation. Il refuse de prendre en considération l'étiquette politique du maire et s'allie avec ce dernier pour abriter les 7000 sinistrés. Près de 50 millions de mètres cubes d'eau ont déferlé, ravageant habitations, vergers et vignes, voies ferrées et routes, jusqu'à la mer. C'est la plus grande catastrophe de ce genre jamais vue en France. Julien et ses «amis» organisent le relogement de jeunes veuves et de nourrissons orphelins, de gamines sauvées *in extremis* de la noyade.

Julien Lauprêtre fait alors sien le mot d'ordre du Secours populaire des origines : «Tout ce qui est humain est nôtre.» La devise inspirée de Térence – «Je suis un homme et rien de ce qui est humain ne m'est étranger» – est adoptée par tous et inscrite dès l'article 1 des statuts de l'association. C'est encore Julien qui sort de son acception sociologique le mot «solidarité», aujourd'hui sur toutes les lèvres, pour en faire le sésame de chaque individu prêt à aider bénévolement ses semblables. Car aux yeux de cet éternel Parigot de la rue de la Brèche-aux-Loups, la solidarité grandit ceux qui y contribuent. Et quand on lui dit : «Ce que vous faites, c'est une goutte d'eau dans l'océan», il répond : «Oui, mais pour celui qui reçoit cette goutte d'eau, c'est un océan.» Et pour filer la métaphore du sauvetage en mer, il ajoute : «Quand quelqu'un est en train de se noyer, ce n'est pas le moment de lui expliquer comment apprendre à nager. Il faut le sortir de l'eau. »

Julien Lauprêtre savait que la solidarité ne réglait pas tous les problèmes. Sauf à ce que chaque individu aidé ne se contente pas de remercier mais aide les autres à son tour. Ce garçon, au regard profond, scrutateur et bon, au physique de vedette américaine et à l'humour de titi parisien, directif quand son sens des responsabilités l'exige, possède la capacité de persuasion et l'énergie nécessaires pour accomplir le travail de titan qu'il s'est fixé : créer un maillage d'entraide dans toute la France, puis dans le monde entier.

En 1964, il décide de laisser à chaque fédération nouvellement constituée la capacité d'agir comme elle l'entend à une échelle départementale. « Il faut, dit-il, peser collectivement sur les conséquences des drames et laisser à chacun l'analyse des causes. » Pour ce faire, il faut être près des gens physiquement, ne pas se soucier des opinions politiques, religieuses, ni des origines sociales des bénévoles comme de ceux qui sont secourus. Il crée le premier comité de Paris dans le 12ᵉ arrondissement de la capitale. À partir de cet instant il ne va plus rien lâcher et chercher tous azimuts de nouveaux cadres pour mettre son projet en route. Son projet – « Je t'aide mais tu vas m'aider aussi » – est complètement neuf dans l'histoire associative. Pas de charité qui tienne, vive la solidarité !

12

Aller à Carabanchel

La solidarité avec les populations victimes de la guerre d'Algérie s'organise. Dès cette époque Julien Lauprêtre est sur écoute, fiché, il doit faire envoyer son courrier chez ses beaux-parents pour éviter les indiscrétions des RG, et c'est la police de Papon, toujours en activité, qui vient frapper à sa porte pour interdire les réunions en 1962. Ses quatre enfants sont terrorisés. Mais pas question de faiblir. Au nom du Secours populaire, Mes Pierre Kaldor et Pierre Brandon mettent en place un pont aérien pour des confrères avocats qui vont défendre, sur place, les Algériens emprisonnés. Ils offrent aussi une assistance juridique aux appelés qui désertent : douze mille jeunes auxquels leur conscience interdit de participer à la « sale guerre » et incarcérés dans des conditions infâmes. Pour la plupart, ils finissent dans les prisons françaises ou algériennes, dans les bagnes ou incorporés aux bataillons d'Afrique. Le Secours populaire multiplie les collectes afin de payer les frais d'avocat, mais aussi de la nourriture pour les prisonniers. Selon Julien, qui sait de quoi il parle, pas de lucidité ni de capacité à se battre quand on a l'estomac vide.

Parmi les prisonniers figure un ouvrier textile et adhérent de la CGT, devenu correspondant local du journal communiste régional *Le Patriote*. En 1956, lors d'une manifestation organisée en gare de Castres, l'homme s'est couché sur les rails pour bloquer les trains d'appelés en route vers le port de Marseille, il a été expédié ensuite au fort du Hâ à Bordeaux. En épluchant la liste des prisonniers, Julien Lauprêtre repère le «journaliste». À sa sortie de prison, au début de l'année 1957, Daniel Assalit devient rédacteur en chef de *La Défense*, le journal mensuel du Secours populaire. Ainsi Julien commence à constituer le noyau dur de son équipe. Claudius Chêne, licencié ès-Renault comme il se définissait, est aussi de la partie. Tous ces jeunes ont en commun de vivre modestement en HLM et d'être aussi à l'aise avec un SDF qu'avec les politiques ou les grands bourgeois. L'une de ces derniers, Mme Richard, sise dans le 16e arrondissement, ne manque pas une Fête de l'Huma. Sur le stand de l'association, elle vend un bric-à-brac récupéré ici et là avec son accent typique de l'ouest parisien, manifestant ainsi son amour du prochain mais aussi sa passion amicale pour Julien Lauprêtre. La sincérité de tous ces gens, d'où qu'ils soient, a le don de simplifier les rapports humains et les rouages de l'action.

Fidèle au soutien apporté par le Secours populaire à la Retirada[1], Julien Lauprêtre embrasse à son tour la cause des républicains espagnols. Il s'entretient avec Marcos Ana, poète communiste espagnol, condamné à mort en 1939 pour un triple meurtre dont il est innocent, peine commuée en soixante ans de prison car il était mineur au moment des faits. L'homme détient le triste record de prisonnier le plus longtemps enfermé dans les geôles franquistes. En 1961, il a bénéficié d'un indult de Franco et s'est exilé à Paris. En tant que président du Centre d'information et de solidarité, il poursuit sa lutte politique et rencontre Julien car le Secours populaire lui a fait passer des fonds, du temps de son incarcération, pour la création d'une « université clandestine » animée par des prisonniers communistes. Les détenus y étaient alphabétisés et recevaient des cours d'éducation politique. Quand Julien lui demande comment il a pu tenir durant toutes ces années, Marcos Ana lui répond dans un demi-sourire : « Je ne me suis pas ennuyé. J'ai écrit. » C'est Marcos Ana qui lui décrit de vive voix les sévices subis par les prisonniers politiques de son pays, mais Julien a aussi lu Bernanos et sa dénonciation des répressions durant la guerre d'Espagne. L'écrivain, catholique royaliste, d'abord partisan du soulèvement franquiste et parti s'installer à Majorque faute d'argent, est

1. 450 000 Espagnols ont passé les Pyrénées clandestinement avant d'être internés dans les camps de Gurs et d'Argelès en 1939.

révulsé par le sort imposé aux républicains. Il évoque leurs sauvages arrestations par les militaires espagnols : « Les malheureux descendaient ayant à leur droite le mur expiatoire criblé de sang, et à leur gauche les cadavres flamboyants. L'ignoble évêque de Majorque laisse faire tout ça. » Cet esprit libre écrit encore dans *Les Grands Cimetières sous la lune*, paru en 1938 : « Je ne saurais dire quelle admiration m'ont inspirée le courage, la dignité avec laquelle j'ai vu ces malheureux mourir. » Sa tête est mise à prix par Franco. Bernanos persévère. Si on laisse faire, menace-t-il, bientôt les pratiques fascistes se répandront en Europe. Julien le sait, Julien l'a vécu.

En 1963, Julian Grimau est condamné à mort par le régime franquiste. Cet ouvrier typographe a adhéré au Parti communiste espagnol quand Franco a déclenché la guerre civile, et il ne lui reste plus que quelques heures à vivre. La nuit précédant cette exécution, Julien Lauprêtre téléphone à l'Élysée, au pape, au gouvernement britannique, au président des États-Unis pour obtenir leur soutien. En vain.

La colère de Julien décuple ses forces. La mort de Julian Grimau est comme un écho funèbre à celle de Manouchian. Pour lutter contre un sentiment d'impuissance, il décide de s'entourer de jeunes humanistes, intraitables quant à la société qu'ils veulent édifier. Les enfants des survivants de la Shoah, ceux des Résistants, les jeunes de bonne volonté, il les rassemble. Il crée un groupement qui leur est dédié. Dans leurs rangs, il guette ceux qui sont susceptibles de devenir des cadres du Secours populaire. C'est ainsi qu'il me repère en 1971. Et qu'un jour de 1976, j'aurai, à mon tour, l'occasion de participer à l'un des épisodes les plus marquants de l'association, désormais inscrit dans son histoire.

Julien et moi-même, comme beaucoup d'autres militants, avions toujours refusé de mettre un pied dans l'Espagne franquiste. Mais au début de 1976, nous plions bagage pour Madrid. Le Caudillo est mort deux mois plus tôt et Julien veut peser de tout son poids pour la libération immédiate des prisonniers politiques. Nous rédigeons une lettre adressée aux nouvelles autorités. Julien décide que nous la porterons là où est symbolisé le pouvoir du général fasciste. À peine débarqués, nous filons à la prison de Carabanchel, lieu de sinistre mémoire, édifié à l'initiative de Franco, et construit par un millier de prisonniers politiques condamnés aux travaux forcés. Devant le bâtiment, les femmes de prisonniers attendent, pour certaines depuis des décennies, que leur mari leur soit rendu. Elles nous font savoir que le nouveau chef militaire espagnol est là, dans une salle où il reçoit les personnalités étrangères. Julien me tend la lettre et me dit : « Vas-y, tu es jeune, ils ne te feront rien. » Je passe entre deux haies de gardes en noir dont je connais la cruauté, avant de pénétrer dans la prison pour remettre la lettre. Une fois ma mission accomplie, je ne m'attarde pas, j'ai besoin de respirer l'air pur de la liberté. Nous assistons à la sortie des premiers prisonniers. Et le soir même, nous nous entretenons avec eux. Ils n'ont qu'une idée en tête : évoquer le sort de leurs camarades toujours emprisonnés. Ils décrivent des hommes et des femmes au bout du rouleau, « il faut maintenir la pression sur les autorités », répètent-ils. Cette fois encore, je note cette constante chez les individus en grande difficulté qui reçoivent du secours : ils pensent en priorité à apporter le leur à ceux qui souffrent toujours.

13

Assumer les conséquences de son engagement

De mon parcours au Secours populaire, les gens retiennent souvent mon engagement précoce. Et c'est vrai que j'étais et que je suis toujours une bonne collectrice. Mais ce n'est pas ce qui m'a valu de m'engager jusqu'au cou au service de l'association. Si j'essaie de trouver une cohérence rétrospective à mes motivations d'adolescente, je ne pense pas à la fille de réfugiés ayant échappé à la Shoah. La vie est beaucoup plus imaginative que ça. La seule cohérence que je trouve, ce sont des images fortes. Une conversation, une injustice, une lecture qui me marquent à tel point qu'elles décident chaque fois de la suite des événements.

L'année de mes 12 ans, mes parents m'ont envoyée dans une colonie de vacances organisée par la Commission centrale de l'enfance[1]. L'un des moniteurs revient d'Algérie. Comme je le questionne,

1. Association liée à l'UJRE – Union des Juifs pour la résistance et l'entraide –, émanation de la Résistance.

il me raconte la guerre. Au fil de son récit, j'entends exactement les mots de mes parents quand ils évoquent les exactions de la police de Vichy. De nouveau, avec ce jeune appelé, j'entends parler de tortionnaires français. C'est l'éternel retour. Et je sais déjà que je ne l'accepterai jamais, que je serai toujours du côté des révoltés.

À 16 ans, je participe à l'une des premières rencontres des jeunes du Secours populaire. Et j'interviens : « Pourquoi la parole des jeunes n'est-elle jamais représentée dans le journal de l'association, *La Défense* ? » Je gagne le droit d'être responsable de la page « jeunes » dans le numéro suivant. J'adorais la poésie de Guillevic et je me suis fait le plaisir de prendre contact avec lui pour un entretien. Il m'a donné des poèmes inédits de son futur recueil pour le journal. « Henriette a un sens de la poésie », a dit Julien Lauprêtre. Un sens de la poésie, peut-être, mais mâtiné d'un certain pragmatisme, visible lors des collectes. J'étais active depuis l'âge de 14 ans au Secours populaire, Julien m'avait repérée bien avant que je ne l'identifie.

À 17 ans, je lis dans *L'Humanité* les reportages de Madeleine Riffaud, alors correspondante de guerre au Viêt Nam. Elle écrit : « Pour qui se trouve mêlé à la réalité vietnamienne, pour qui est sous les bombes avec les Vietnamiens, il y a une seule vérité : les Américains bombardent sans déclaration de guerre, sans aucune justification possible, un pays dont les conventions internationales ont reconnu et protègent l'indépendance, la souveraineté, l'intégrité territoriale. Tout le reste est littérature ou rideau de fumée.» Madeleine Riffaud avait été l'une des plus jeunes héroïnes de la Résistance, une militante de l'indépendance de l'Algérie, elle sillonne alors le maquis viêt-cong. Son parcours m'impressionne et ses récits sont frappants de précision. Je me souviens de ce détail : elle racontait que les Vietnamiens, massacrés au napalm, dressaient des abeilles au combat pour se défendre. Alors quand le général américain William Westmoreland, grand responsable de l'escalade du conflit au Viêt Nam, est reçu à Paris, je descends dans la rue, avec mon frère et des milliers de jeunes. Nous manifestons du côté de Denfert-Rochereau. Et nous sommes embarqués par centaines au centre de triage de Vincennes. Les flics nous photographient pour nous ficher, surtout pour nous effrayer, et ils nous relâchent dans la nuit au milieu du bois. Nos parents sont fous furieux contre la police quand ils nous récupèrent. Nous avons été mis derrière les grilles pendant des heures, c'était d'un ennui mortel. Après cette histoire, je ne suis plus jamais allée à une manif sans un livre en poche, au cas où je me ferais coffrer de nouveau.

Au début des années 1970, alors étudiante et jeune travailleuse, je ne cesse plus de manifester : pour les Chiliens disparus, contre la réforme du collège du ministre René Haby, avec les métallurgistes, pour soutenir les ouvriers de Lip en grève.

En 1971, j'ai 20 ans et je dois bien constater que mes activités au Secours populaire occupent de plus en plus mon temps. C'est le moment où la sécheresse frappe le Sahel. Les premières photos des enfants affamés sont difficiles à regarder. Je collecte au restau U avec mes camarades très mobilisés par cette cause. Un étudiant qui nous entend discuter me dit : « Le Sahel, c'est chez moi. » Il me parle de son pays, la Haute-Volta, le pays de la zone sahélienne le plus touché par la famine. Avec lui, je redouble d'activité en vendant des croissants au porte-à-porte dans des immeubles. Et après quelques semaines, mon ami et moi nous demandons comment employer cet argent. Gaston Zongo me dit : « Il faudrait forer des puits et cultiver des potagers près des écoles, on pourrait nourrir les enfants d'autre chose que de mil. » Je vais sur les quais de Seine chez Vilmorin. Un vendeur bien intentionné m'apprend qu'il existe ce qu'on appelle des « graines tropicalisées », adaptées au climat désertique. J'explique notre idée à Gisèle Bosquet, secrétaire générale de la Fédération de Paris. L'un des principes du Secours populaire est de ne jamais balayer un projet d'emblée s'il est dans le respect de l'individu. Elle me pose une question, la seule que l'on pose à tout ami désireux de mettre sur pied une opération : « Est-ce que tu es sûre que tu peux assumer ton action jusqu'au bout ? » Je réponds : « Moi, je ne suis sûre de rien parce que j'habite Paris, mais Gaston va rentrer dans son pays avec les semences, il évaluera le coût des forages avec ses voisins, il testera son projet. Si ça marche, il en parlera autour de lui pour que d'autres suivent cette voie. » Mon interlocutrice m'invite à venir présenter cette initiative à la réunion suivante. C'est ma première intervention, à la tribune, dans une instance nationale du Secours populaire.

L'opération a été très efficace et s'est étalée sur trois ans, de 1973 à 1976 ; elle n'aurait jamais pu être imaginée sans Gaston Zongo. La vision des enfants décharnés, au regard dénué de la moindre joie, incitait tout le monde à l'action, mais le problème paraissait si vaste que nous ne savions par quel bout l'attraper. Personne n'avait pensé à une solution de terrain au Secours populaire. L'association était majoritairement urbaine, du fait de son histoire liée au Front populaire et aux ouvriers, de la période alors indissociable de l'exode rural et de ses bénévoles principalement issus des villes et des quartiers. Seul un jeune étudiant venu de Haute-Volta pouvait penser les solutions idoines. Je suis retournée chez Vilmorin pour dire au vendeur que son conseil était des plus judicieux. Restait à faire connaître le projet aux fédérations et aux comités, à organiser la collecte et une commande groupée avant de l'envoyer à Gaston Zongo.

La Haute-Volta avait accédé à l'indépendance en 1960, mais ce jeune État l'avait durement acquise après des décennies sous la férule de colons français particulièrement racistes. Malgré ces « liens anciens», la situation dramatique des Africains de la zone sahélienne était très sous-estimée par les acteurs institutionnels français. Ce sont les multiples études sur la malnutrition au Sahel, menées dans le monde entier à partir de 1973, et les grandes campagnes des ONG en faveur des victimes, qui ont engendré un véritable consensus sur cette catastrophe humanitaire. On parlait pourtant de plus de 100 000 morts à l'époque.

Après l'action pour la Haute-Volta, je suis élue au comité national de l'association selon les règles du Secours populaire : la structure sortante présente une liste de propositions, et le vote se fait à main levée. En 1973, je suis élue au bureau national. Deux ans plus tard, au congrès suivant, à Lyon, je suis élue secrétaire nationale, c'est-à-dire à l'exécutif. Et en 1976, je suis chargée de la solidarité internationale pendant quatre ans, soit deux mandatures. Ce sera toujours ma passion, même quand Julien me demandera d'assurer le secrétariat du conseil d'administration en 1983.

Je n'avais aucune idée de ce que représentait la charge de la solidarité internationale au Secours populaire. Je me suis vraiment interrogée avant d'accepter. J'ai échangé avec Julien Lauprêtre. Je me demandais si je serais à la hauteur. Il m'a dit : «Ce n'est pas à toi de savoir ça, c'est à nous. Et tu seras aidée par ton prédécesseur.» Il avait bien noté, au fil des réunions, la présence d'une petite jeune qui avait l'air de comprendre ses objectifs.

Et de mon côté tout ce que Julien disait du Secours populaire, de sa capacité d'action, de son indépendance, correspondait à l'idée que je me faisais du sens de la vie. J'ai aussi demandé conseil à ma mère. Elle m'a vivement encouragée, avec des mises en garde malgré tout. Elle m'a dit : « Tu devras assumer tes responsabilités contre vents et marées, il y aura forcément des répercussions sur ta vie personnelle et tu devras en assumer les conséquences. » Elle avait raison, j'ai toujours travaillé huit heures par jour, souvent plus, mais le temps consacré au Secours populaire est incalculable. Et j'en ai assumé les conséquences.

14

Mesurer la confiance des Français

Entre Julien Lauprêtre et moi, il n'y a jamais eu le moindre désaccord sur les orientations du Secours populaire. On peut même parler de symbiose politique. De révélation sur le plan humain. C'est le genre de chose qui vous arrive une fois dans la vie. Jamais il ne perdait de vue ses objectifs, ni ne transigeait avec son indépendance. Si un candidat aux élections lui demandait une signature de soutien, il répondait : « D'accord, vous aurez celle du tailleur de glace, pas celle du président du Secours populaire. » Et on n'y revenait pas. Mais Cocteau lui avait offert des dessins pour les ventes de l'association, Picasso aussi, Ernest Pignon-Ernest et Ferrat étaient ses amis autant que des camarades du PC. Il aimait la culture, favorisait sa diffusion, savait manier la langue avec adresse, séduisait les puissants et les médias pour la bonne cause. Cependant il n'aimait rien tant qu'écouter les bannis de la terre avec un intérêt sincère. Les stigmates de la marginalisation ou les décorations, il ne les voyait pas plus les uns que les autres, il considérait l'individu dans son entièreté. Certes, parfois, il s'emballait pour un nouvel interlocuteur qui, à l'écouter, était le sel de la terre, et moi, je sentais bien que le type n'était pas fiable, je lui livrais mon sentiment. La suite des événements me donnait souvent raison. En cinquante ans de collaboration, nous avons divergé d'opinion une fois, et encore, brièvement. Nous avions reçu la proposition de vendre des burqas fabriquées par des Afghanes, détenues dans des camps, afin de leur procurer un soutien matériel. Quand j'ai entendu cette idée saugrenue, j'ai pensé aux déportés dont on aurait pu vendre les tenues rayées, en matière de réparation. Il a suffi que je formule ce parallèle pour que Julien abandonne le projet. Parfois aussi, sa passion de l'action et du résultat, ses fulgurances, sa spontanéité, l'amenaient à précipiter le mouvement ou à mordre la ligne. Julien n'aimait pas s'adapter aux nouvelles normes et, avec mon côté carré, j'étais là pour le faire revenir à une certaine mesure. Il lui arrivait de répondre aux questions d'un commissaire aux comptes sur un ton goguenard. Sa fille, Denise, le décrit souvent comme un sale gosse. Il ne jouait jamais un rôle, et assumait pleinement sa fantaisie. Sur une photo très officielle, on le voit arborant une superbe cravate où sont imprimés les nénuphars des *Nymphéas*.

C'est dans cette relation de confiance absolue que nous avons imaginé l'évolution du Secours populaire en fonction de celle de la société. Et que nous avons entamé la procédure pour que l'association bénéficie de la « reconnaissance d'utilité publique », une démarche majeure et plus délicate qu'il n'y paraît. D'abord, parce qu'elle a suscité des débats intenses avec une partie de la direction. Certains amis nous traitaient de « cinglés », Julien et moi. « Vous allez obérer l'indépendance de l'association, vous devrez manger dans la main de la puissance publique. » Comme Julien, je pensais que c'était à nous de nous débrouiller pour maintenir le cap d'une autonomie souveraine. Les discussions étaient assez chronophages, je travaillais et je venais d'avoir deux enfants. C'était sportif. Monter le dossier se révélerait compliqué, mais faire fonctionner le Secours populaire en se pliant aux obligations corrélées à ce nouveau statut, ce fut une autre affaire. Nous n'y connaissions rien et nous nous sentions dans la peau de la poule qui trouve un couteau.

Tout avait commencé quand de Gaulle avait envoyé son ministre des Affaires culturelles aux États-Unis afin d'examiner l'organisation de leurs filières caritatives. Malraux en est revenu avec l'idée de la Fondation de France, qui a été créée dans la foulée en 1969. L'objectif était de collecter l'ensemble de l'argent afin que la Fondation de France le redistribue aux associations capables de réaliser les objectifs visés par les donateurs. À l'époque, Julien a dit non, on est indépendants et on le restera. Sur cette question de l'indépendance, j'ai toujours été absolument en phase avec lui. Pas un instant d'hésitation. Mais il nous en coûtait, bien sûr, car des dispositions fiscales ont été rapidement mises en place pour favoriser les dons à la Fondation de France et elles risquaient d'être préjudiciables au Secours populaire. La seule solution pour garder notre liberté et notre force de frappe était d'obtenir le label « association reconnue d'utilité publique ».

Le travail a été conduit dès l'élection de François Mitterrand. Il nous fallait récolter de l'argent dans les mêmes conditions que les autres – avantages fiscaux pour les donateurs, possibilité de recevoir des legs sans droits de succession à régler –, mais aussi jouir de l'aura supplémentaire que confère ce statut. Réunion après réunion, nous avons débattu dans nos instances. J'ai mis pas mal d'énergie dans ce combat, d'une importance majeure à mes yeux. Je ne partageais pas l'inquiétude des amis qui voyaient déjà l'association muselée par la puissance publique. J'avais la conviction que le secret de notre indépendance résidait dans les statuts que nous allions rédiger. Une fois la décision adoptée, le dossier a été entièrement monté par Léon Dujardin, un homme d'une grande liberté d'esprit qui se revendiquait déjà « prêtre dispensé de célibat ». C'est lui qui a mené rondement les négociations avec

Gaston Deferre et son ministère. L'association était agréée d'éducation populaire depuis 1983, elle a été reconnue d'utilité publique en 1985. Six ans plus tard, le label « grande cause nationale » lui a été décerné. Enfin, en 2000, nous avons obtenu celui d'« association éducative complémentaire de l'enseignement public ».

Les labels, c'est bien, c'est pratique, surtout pour le rayonnement de l'association, mais personne n'irait croire que c'est la quadrature du cercle. C'est l'humain, le bénévole qui constitue la matrice des mouvements de solidarité. Admettons, néanmoins, que l'ensemble, la structure et les hommes et les femmes qui y travaillent, bénéficie d'une crédibilité renforcée grâce à ces procédures.

Nous avons pu mesurer cette confiance des Français récemment quand la réglementation des compagnies d'assurances et des mutuelles a changé après le confinement dû à l'épidémie de Covid-19. Elle obligeait le système assurantiel à payer une taxe Covid, en quelque sorte, du fait de la chute radicale des accidents de la route puisque plus personne ne pouvait rouler. La Maif, la MGEN, la Macif, entre autres, ont demandé à leurs affiliés de décider s'ils préféraient récupérer la ristourne de trente euros, concédée par les mutuelles, ou la verser à l'association de leur choix. La Maif proposait trois associations : l'Institut Pasteur, la Fondation des hôpitaux ou le Secours populaire français. Selon la Maif : « Plus de deux millions des assurés étaient concernés par cette mesure. Environ sept sociétaires sur dix ont demandé le remboursement, les 600 000 autres ont opté pour un don à l'un des trois organismes[1]. » Nous avons reçu 7 millions d'euros. Soit le choix de plus de 233 000 adhérents pour le Secours populaire.

Ce sont les mutualistes qui ont désigné les trois associations dans la course selon des critères qui leur appartiennent. Nous avons donné notre accord sans poser de questions. C'est la force du Secours populaire : ne jamais demander pourquoi on nous choisit, ni qui nous choisit, pour une opération de solidarité à grande échelle ou pour des dons individuels. Les seules sources financières exclues d'emblée concernent le trafic de drogue ou d'humains. Mais on ne nous a jamais proposé l'argent du casse d'une banque à ma connaissance. J'ignore ce qu'on en ferait. C'est un sujet qui a animé quelques-unes de nos réunions au fil des années. La France est le troisième exportateur d'armes dans le monde. La plupart des constructeurs ont aussi une activité civile. Si ces groupes industriels font un don, on ne leur demande pas de le prélever sur la part de chiffre d'affaires qui ne correspond pas à la vente d'armes. Certains dirigeants de l'association étaient en désaccord avec ce principe, nous leur avons dit : « Faites comme vous voulez, mais nous ne ferons pas de

1. Voir https://entreprise.maif.fr/actualites/2020/solidarite-covid

tri dans les entreprises. Sauf à constater qu'il y a asservissement direct de l'être humain. »

Chacun sait que les conflits deviennent sanglants à cause des ventes d'armes, et nous ne sommes pas idiots. Mais, par ailleurs, tout ce que nous pouvons faire pour empêcher que les événements dégénèrent, nous le faisons. C'est même une lutte de chaque instant. Quand nous nous battons pour faire reculer la misère, c'est parce que la génération de Julien Lauprêtre sait d'expérience, et moi par la transmission familiale, que la pauvreté est le terreau de la guerre. Götz Aly ne dit pas autre chose dans son livre intitulé *Comment Hitler a acheté les Allemands* : « À moyen terme, la guerre devait être refinancée grâce aux ressources étrangères, et le niveau de vie de tous les Allemands devait être soudainement relevé. Il s'agissait à court terme de couvrir autant que possible les besoins en denrées alimentaires. Seul ce dernier objectif fut atteint, et encore, de manière incomplète. Mais cela n'altère en rien le résultat de l'analyse historique : le souci du bien-être des Allemands constitua la motivation déterminante de cette politique de terreur, d'esclavagisme et d'extermination[1]. » Alors, notre priorité, c'est non pas le bien-être, on en est loin, mais le minimum d'argent et de nourriture assurant le respect de soi à n'importe quel individu. Si nous avons renforcé

1. Götz Aly, *Comment Hitler a acheté les Allemands. Le IIIe Reich, une dictature au service du peuple*, Flammarion, 2005.

nos actions durant les confinements dus au Covid, c'est parce que les populations en difficulté augmentaient en nombre et en intensité. Si nous ne lâchons pas nos amis du Liban des yeux, et si nous préparons une immense campagne d'aide pour qu'ils puissent se nourrir à leur faim, c'est parce que nous nous souvenons que ce fut un lieu d'affrontement pendant la Seconde Guerre mondiale. Si nous sommes constamment sur le pont à Haïti, c'est parce que l'île a connu trente ans de dictature avec la famille Duvalier, certes. Mais, surtout, parce que le pays est exsangue à cause du remboursement de la «dette» liée à la victoire des Haïtiens sur l'esclavage, parce que, aujourd'hui encore, il subit les conséquences détestables du colonialisme.

Vis-à-vis de l'argent, il y a des fondamentaux qui ne changent pas. Si les conditions sont réunies pour piller son voisin en toute impunité, une partie de la population cède à cette tentation. Qui en doute vraiment? Alors tous les fonds qui peuvent freiner la pandémie de misère, nous les acceptons.

15

Accepter des fonds, pas la sujétion

Les valeurs du Secours populaire sont irrévocables et constituent notre spécificité. Accepter l'argent d'où qu'il vienne et aider qui en a besoin sans la moindre discrimination. Conserver notre indépendance à tout prix. Considérer qu'il y a une stricte équivalence entre celui qui donne et celui qui reçoit afin de préserver la dignité de la personne avant toute chose.

Toutes les associations ne fonctionnent pas sur les mêmes principes, mais toute association qui collecte de l'argent ou qui réunit des moyens est utile. Il y a tellement à faire ! À nous tous, nous ne pouvons compenser les carences de la société. Alors que nous savons, dans un même temps, que la France est un pays immensément riche. Le travail des associations, c'est d'établir le contact avec ceux qui peuvent donner de l'argent, et de les convaincre de le faire. C'est une forme de redistribution volontaire des richesses.

L'État y contribue aussi. Mais son cheminement est parfois assez tordu et n'est pas sans causer des dégâts. Il utilise le statut associatif pour financer à moindre coût des activités qui devraient être du ressort public. Les gouvernements successifs ont créé des dizaines de milliers d'associations gestionnaires d'établissements. Julien Lauprêtre a toujours refusé que le Secours populaire soit gestionnaire. Et sur ce point aussi, j'adhérais entièrement à sa réflexion. Une association gestionnaire a charge d'établissement sur mandat public pour réaliser des actions définies. Elle doit répondre de ses orientations devant les financeurs. L'État, la région ou le département, eux, payent ce qu'on appelle des «prix de journée». Ces «prix de journée» représentent des sommes colossales et ce système est typique de la France. Le tissu associatif de notre pays comprend 1,8 million d'employés à temps plein ou partiel pour 22 millions de bénévoles actifs. Évidemment, ce système d'associations gestionnaires présente des avantages non négligeables pour l'État. D'abord, c'est un biais pour embaucher moins de fonctionnaires. Par ailleurs, couper les fonds octroyés à une association qui démériterait, selon des critères technocratiques, est moins visible que de décider de coupes budgétaires. Prenons l'Aide sociale à l'enfance, qui dépend des départements. Certains assument le coût des actions en charge directement, d'autres le concèdent à des associations. L'Éducation nationale a fait le même choix avec les centres de loisirs; dès lors, les éducateurs vacataires sont payés par la structure qui a une forme associative, laquelle n'applique pas la grille de la fonction publique, dont elle n'offre pas non plus la sécurité de l'emploi. L'État ne s'en vante pas. L'association gestionnaire est une concession d'un service et la marchandisation du social. C'est un choix politique. Je pense fermement que c'est la réalité, même si d'aucuns diront qu'il s'agit d'une analyse personnelle.

Au Secours populaire, nous avons des dirigeants dans l'ensemble des départements de France. Pour la moitié, les secrétaires généraux des fédérations sont strictement bénévoles. Pour l'autre moitié, ils peuvent avoir un emploi salarié de directeur, emploi qu'ils annulent avec leur mandat bénévole de secrétaire général. Et ce parce que le contrat de travail tient compte de l'obligation de subordination devant la personne morale du comité départemental. C'est cette organisation spécifique qui garantit notre liberté d'action. Et la possibilité pour les donateurs de connaître en détail l'usage de l'argent versé.

La Fondation de France fonctionne, elle, sur le mode parapluie pour de plus petites fondations. La maison mère, si j'ose dire, finance des équipes d'analystes pour expertiser les projets solidaires et les proposer aux fondateurs. Selon les objets, cette dernière décidera d'affecter tel ou tel montant à un projet et de le faire réaliser par telle fédération ou telle association. Il arrive que le Secours populaire reçoive des subventions de la Fondation de France pour des objets particuliers ou parce que le fondateur en fait la demande. Et nous acceptons les fonds pour agir au mieux, mais pas la sujétion.

La préservation d'une totale indépendance engendre une vigilance constante sur les questions de gestion transparente et de probité. Nous sommes une association populaire constituée de bénévoles qui, pour la plupart, ont très peu de moyens. Nous nous devons d'être exemplaires. Dans ce souci, nous avons mis d'emblée en place des dispositifs particuliers. Chez nous, une personne collecte l'argent, une autre le compte, une troisième l'enregistre en caisse. Ce sont nos modes de contrôle et les bénévoles collecteurs ont conscience que c'est une sécurité pour chacun. Bien sûr, nous sommes régulièrement audités par l'Inspection générale des affaires sociales (Igas) ou la Cour des comptes, comme par le comité de la Charte de déontologie, devenue le Don en confiance, les associations d'utilité publique faisant l'objet de contrôles très rigoureux.

16

Naître, mourir, et faire quelque chose entre les deux

Le Secours populaire fonctionne selon un mode démocratique et décentralisé. Il y a des élections à main levée pour chaque fonction à pourvoir dans toutes les instances. Afin de préparer le congrès national, des congrès départementaux sont à la manœuvre pour organiser la réflexion avec les comités et les animateurs-collecteurs volontaires. Au congrès national, chaque fédération départementale a droit à un nombre de participants proportionnel au nombre de collecteurs. Et c'est cette assemblée qui élit les instances nationales pour deux ans : 140 membres au comité national, 40 au bureau national, 30 au conseil d'administration et 14 au secrétariat national.

Les 14 membres du secrétariat national agissent sur mandat du congrès, qui a donné les grandes orientations, avec vocation de les exécuter et d'engager les décisions qui portent conséquences. Si le secrétariat n'est pas dans les clous parce que la situation du pays a radicalement changé, ou parce qu'une tragédie s'est présentée sans prévenir, il doit exposer les mesures inattendues au conseil d'administration et au bureau national. Le secrétariat national n'est pas censé être détenteur de la vérité ni fonctionner en bocal. Grâce à la décentralisation propre au Secours populaire, il n'y a guère de risques. Pourtant, même avec ces garanties, le secrétariat national est parfois bousculé par des amis qui râlent : « C'est toujours pareil, tout se fait à Paris », alors nous ne discutons ni ne votons jamais trop.

Le bureau et le comité national se doivent de développer les structures et l'audience du Secours populaire. Ils le représentent auprès des médias, des entreprises, des pouvoirs publics nationaux et internationaux. Outre la mise en œuvre des décisions collectives, ils viennent en soutien des fédérations dans les domaines de la communication, du droit, de la gestion, de l'animation. Ils coordonnent les projets de solidarité, répercutent les résultats des activités et les bilans financiers, veillent à une pratique solidaire dans le respect de la dignité des individus, permettant d'accueillir toute personne de bonne volonté. Le comité national a aussi la charge d'élire une instance historique : la commission financière, constituée uniquement de bénévoles. C'est une structure de contrôle interne du collectage, technique, distincte des commissaires aux comptes et experts-comptables.

Avant la reconnaissance d'utilité publique, le comité national élisait le bureau national, qui lui-même élisait le secrétariat national. Mais en 1983, nous avons dû modifier le dispositif à la demande du ministère de l'Intérieur. Le corps électoral - les 140 membres du comité national et les 40 du bureau national - comprenait trop de votants engageant le nom du Secours populaire. La puissance publique a exigé la formation d'un conseil d'administration ramassé. Nous n'avions pas le choix. Léon Dujardin a bataillé afin que nous puissions compter 30 membres au conseil d'administration. Ce qui est beaucoup et qui permet d'élire en toute transparence les 14 membres du secrétariat national, où se situent le président de l'association - ou le secrétaire général faisant fonction de président - et le trésorier, qui sont tous deux nécessairement bénévoles.

Dès la constitution du conseil d'administration, Julien m'a encore marqué sa confiance en m'y faisant entrer. Et les débuts furent instructifs, ce n'était pas si facile d'apprendre les arcanes du fonctionnement d'un conseil d'administration : préparer l'ordre du jour - le relevé de décisions du secrétariat national, les questions financières, les conventions et contrats passés avec la puissance publique et le privé, l'acceptation des legs et donations, les acquisitions et les ventes –, conduire le conseil, établir le procès-verbal, en résumé viser l'ensemble des actes juridiques, administratifs et financiers de l'association, arrêter les comptes avant de les voter, et transmettre le tout aux instances nationales. C'était un boulot énorme.

Pendant des années nous n'avons pas pensé à fractionner les tâches. Je n'avais pas le temps de m'ennuyer.

Les fédérations départementales, les comités et leurs antennes créées à l'échelle d'un quartier, d'un village, d'une entreprise, d'une grande école, d'une association sportive ou culturelle, représentent 1 300 lieux du Secours populaire éparpillés dans tout l'Hexagone et formant le maillage associatif le plus serré. Les fédérations ont pour mission de créer des comités, de coordonner et de développer les actions du Secours populaire. Les comités rassemblent les animateurs-collecteurs bénévoles, organisent les collectes, dans le respect des orientations communes. Quiconque veut créer un comité doit être collecteur et prendre contact avec la fédération, laquelle donne son agrément, signifiant son accord moral. Chaque comité est maître de ce qu'il collecte et en a l'usage, mais il n'est pas dispensé de rendre compte au niveau national car nous pratiquons des comptes combinés. Les antennes, enfin, sont constituées d'un petit groupe de collecteurs bénévoles. Ce ne sont pas des entités juridiques et elles dépendent d'un comité ou d'une fédération. Leur rôle est d'organiser la collecte ou d'intervenir au plus près des individus.

L'explication un peu aride de notre organisation ne doit pas faire passer le Secours populaire pour une association sinistre ! C'est tout le contraire. Nous ne cherchons pas le malheur. Nous ne sommes pas enfermés dans nos bureaux à gérer de l'administratif. Nous n'aimons rien tant que l'action. Nous aspirons à améliorer le sort de nos semblables, à les voir aller mieux. Et c'est ainsi que nous nous faisons aussi plaisir.

Pour avoir des responsabilités au Secours populaire, il suffit de collecter et d'avoir des objectifs sensés. L'âge n'est jamais un critère d'exclusion. Un gamin qui vient nous avertir que son voisin de classe n'a pas de quoi se nourrir, il fait le job et l'association se mobilise. L'engagement commence plus souvent qu'on ne l'imagine à l'école primaire. Les enfants parlent entre eux. « On va être expulsés », confient-ils à leur meilleur ami, surtout si les parents leur disent : « Ne le répète à personne. » Ce sont des secrets trop lourds à porter. Les bénévoles sont toujours en alerte. Toujours réactifs. Si un enfant vit une situation difficile et qu'il dessine avec talent en attendant sa mère, occupée à régler un problème épineux avec un ami du Secours populaire, on lui proposera d'afficher ses dessins dans les locaux. Quand des petits Béninois, venus en vacances à Léchiagat par le biais du Secours populaire, ont découvert les W.-C. à l'occidentale, ils étaient si enthousiastes qu'ils ont organisé un spectacle afin de collecter les fonds nécessaires à la construction de toilettes sèches dans leur village. D'autres ont voulu attribuer l'argent à l'achat de poubelles sélectives pour le secteur pédiatrique du centre hospitalier de l'Ouémé. Les bénévoles comme les donateurs ont foncé afin de permettre à ces gosses de réaliser leurs projets. D'autres encore, bénévoles de Copains du monde, collégiens ou lycéens, « grandissent en faisant grandir la solidarité », pour reprendre les termes de nos campagnes. Ce sont de jeunes Israéliens qui dialoguent avec des Palestiniens de leur âge. Des Sud-Coréens qui font un spectacle avec des élèves nord-coréens. Des Périgourdins qui vont rendre visite à de jeunes Bosniaques. Tous sont déjà des citoyens sensibles au dénuement comme aux droits de l'enfant.

Cette approche pragmatique simplifie tout, permettant d'agir sans atermoiements. Nous prenons en compte une situation donnée et nous essayons de créer un appel d'air, un regain d'optimisme dans des familles qui se sentent délaissées. Et du côté des bénévoles, l'action, c'est la capacité à se détourner de soi, à aller vers l'autre dans un élan vital. L'action change le regard sur le monde, retisse le lien social, coupe l'herbe sous le pied aux lamentations et à l'absence de perspective.

17

Donner la clé du pope

Certes nous avons une approche pratique des problèmes, mais individuellement chaque bénévole la nourrit d'une réflexion personnelle, morale, philosophique ou spirituelle. Et elle ne peut jamais entrer en ligne de compte dans le choix des bénévoles, parce qu'il n'y a pas de choix à faire. Pas de sélection, pas d'exclusion partisane. Officiellement, l'association ne s'est prononcée qu'une seule fois dans le champ politique, soucieuse de rappeler ce qu'était le Front national après le premier tour de l'élection présidentielle de 2002. Si nous n'avons pas à connaître les engagements politiques des bénévoles, il en est de même pour leur confession.

Nous avons reçu des collégiennes dont personne ne voulait pour leur stage de troisième au prétexte qu'elles étaient voilées. Nous leur avons fait le meilleur accueil, assorti de quelques recommandations : « Si tu viens couverte de pied en cap comme aujourd'hui, tu aideras en back-office afin d'éviter que ta tenue ne soit interprétée comme du prosélytisme ; si tu veux être devant, tu devras te vêtir autrement. » Le lendemain, une jeune fille, arrivée avec son long voile, est allée se changer à l'arrière pour pouvoir participer à toutes les activités. Elle se changeait de nouveau le soir avant de repartir. Son propos n'avait rien de victimaire : « J'y gagne en liberté. Ainsi habillée, je peux dire ce que je veux quand je suis hors de chez moi. » Dans un passé pas si lointain, toutes les femmes étaient coiffées d'un chapeau en France. Je me souviens que ma grand-mère disait, avec les *a priori* de son milieu, qu'une femme « en cheveux », c'était une prostituée ou une ouvrière. À chaque époque ses croyances et les jugements à l'emporte-pièce qui vont avec. On ne peut se priver d'une réflexion sur le passé ni sur l'ailleurs quand on va vers autrui. Tous les représentants de la foi peuvent d'ailleurs réserver des surprises qui témoignent de leur humanité. Ma grand-mère paternelle m'avait raconté que les enfants juifs touchaient la clé dans leur poche quand ils croisaient un pope en Roumanie. Manière de se protéger d'un éventuel danger. Un jour, elle a rencontré le pope de son quartier et elle n'avait pas de clé, alors il lui a tendu la sienne. Faisons comme ce pope. Ma grand-mère n'a jamais oublié cette scène, et elle se déroulait en 1900. Aujourd'hui, en France, on ne peut plus se permettre de rester crispé, les yeux rivés sur de telles obsessions, si on veut un tant soit peu adoucir les injustices sociales.

Bien sûr, au Secours populaire, nous avons échangé sur cette question maintes fois, sans désaccords profonds entre amis. La laïcité est une notion strictement française née de la séparation de l'Église et de l'État. Mais de même que le mot « laïcité » n'est pas inscrit au fronton des bâtiments républicains, il ne figure pas dans nos statuts. Notons aussi qu'il n'est pas traduisible dans d'autres langues. Or nous travaillons avec des associations du monde entier. J'utilise les termes « aconfessionnel » ou « non confessionnel », si nécessaire, avec nos interlocuteurs de l'étranger. Depuis ses origines, le Secours populaire a accueilli des religieux bénévoles. La question de savoir comment chacun envisage l'existence d'un éventuel au-delà ne nous regarde pas. Nous ne la posons d'ailleurs jamais. Nous demandons : « Que veux-tu faire pour l'autre dans le respect de l'altérité ? »

Au moment de la construction de la Communauté européenne, la production de lait de vache était bien supérieure aux besoins de la population. Pour ne pas faire baisser les cours, le lait a été transformé en poudre. La Communauté européenne cherchait à l'écouler. Elle a proposé les surplus aux associations susceptibles de les convoyer auprès de partenaires dans le monde. Mais pour participer à ces opérations, chaque association devait être classifiée selon des critères précis : association agissant au nom des catholiques, des juifs, des musulmans, des protestants. Et comme c'était l'Europe, on voyait large et on nous proposait aussi les rubriques « athées » et « agnostiques ». Cette classification correspondait à des prélèvements d'impôts de solidarité, attribués en fonction des cultes choisis par les contribuables dans certains pays, notamment en Allemagne. Au Secours populaire, nous avons dit : « Nous ne nous classons dans aucune de ces rubriques. – OK, désolés, dans ce cas vous n'aurez pas de lait en poudre. » Les amis de l'association et mon père, qui participait à ces discussions, ont répliqué : « Où est le problème ? Il suffit de créer une classification Secours populaire. » Et la proposition a été retenue ! Pour ne plus jamais être remise en question.

18

Voir les Territoires occupés de ses propres yeux

Hors de l'Hexagone, notre approche de la solidarité ne varie pas d'un iota. Nous sommes tous égaux. De ce fait, l'association est attentive à l'expression des besoins de chacun et n'impose pas ses vues. À l'étranger, nous travaillons avec des partenaires, des associations locales qui demandent notre aide, nous n'installons pas nos équipes. Y compris dans les DOM-TOM. Le but n'est pas de transplanter le Secours populaire sur place, le but est de garantir strictement la liberté des peuples. Et c'est unique.

Je rencontre le docteur Ahmed Hamzeh au siège du Secours populaire en 1982. Avec le docteur Mustafa Barghouti et d'autres confrères, il a créé le Secours médical palestinien, ou Palestinian Medical Relief Society, quatre ans plus tôt. L'association manque de moyens et demande notre soutien dans les Territoires occupés. Pas de problème. « Nous y sommes présents depuis plusieurs années à travers l'aide aux paysans palestiniens, dis-je. Et ce à l'occasion de la Journée de la Terre. Les dons sont envoyés au maire de Nazareth, Toufiq Zayad. » Le docteur Hamzeh sourit : « Oui, je connais bien le maire de Nazareth. C'est un ami. Mais, en fait, vous adressez des fonds à l'occupant ! » Stupeur. Je réponds assez naïvement : « Mais le maire de Nazareth est communiste ! » Mon interlocuteur éclate de rire cette fois : « Moi aussi, je suis communiste. Mais le maire, c'est un Ali, un Arabe israélien, si vous préférez, autrement dit, un occupant. » Je comprends que je n'ai pas tout compris. Ahmed me parle de ces Arabes restés dans la ville après 1948 et qui ont la citoyenneté israélienne. Des hommes et des femmes éligibles, dont les droits civiques sont identiques à ceux de leurs compatriotes sur le papier – hormis l'obligation de faire le service militaire –, mais qui sont victimes de profondes discriminations. « Il faut que vous veniez sur place, reprend le docteur Hamzeh. Tant que vous ne verrez pas ça de vos yeux, vous ne pourrez pas comprendre. » Je note mon ignorance, j'en parle au secrétariat et au bureau national après son départ. La question est vite tranchée : il faut y aller.

Quelques mois plus tard, je pars en mission avec le docteur Zuckmann, orthopédiste et ancien résistant. À l'aéroport, il me montre son étoile jaune soigneusement rangée dans son portefeuille. Je lui dis : « C'est quoi l'idée ? – On va atterrir à Tel-Aviv, on ne sait pas comment ça peut se passer. »

Le docteur Hamzeh m'a demandé de venir voir de mes propres yeux la vie des Palestiniens. Et je vois les modalités de l'occupation : les check-points, les difficultés de circulation et une immense pauvreté. Mais aussi des malveillances assez retorses de la part des Israéliens. Dans la vallée du Jourdain, à Jéricho, le docteur Zuckmann et moi-même rencontrons une association d'agronomes palestiniens, le Parc. Récemment, expliquent-ils, des Israéliens sont venus acheter des palmiers et du bois aux paysans palestiniens qui n'y ont pas vu malice. Et ils ont fait affaire ensemble. L'année suivante, leurs arbres n'étaient plus pollinisés. Les agronomes appelés à la rescousse, lesquels avaient été formés en ex-Union soviétique, ont d'abord pensé à une maladie, avant de s'apercevoir que les Israéliens avaient acheté tous les palmiers mâles. Les paysans ont compris et n'ont plus vendu leurs arbres. Et moi, écoutant cette histoire, je me dis alors qu'il ne faut pas être étouffé par la honte pour agir ainsi.

C'était mon premier voyage en Palestine. Un jour de neige, le docteur Hamzeh au volant, nous avons pris la route. Il ne savait pas conduire dans ces conditions météorologiques, c'était assez inhabituel ici, et bien sûr, il n'était pas équipé. Durant la lente montée vers Bethléem, dans le silence de l'habitacle, j'essayais de ne pas penser aux ravins rendus invisibles par le brouillard. Une autre fois, toujours avec lui, des soldats israéliens nous ont mis en joue alors que nous étions à la terrasse d'un café. J'avais engrangé des souvenirs pour des années. J'avais été convaincue par l'efficacité du docteur Hamzeh et de son équipe qui se révélerait au fil du temps l'une des plus actives en Palestine, y compris dans les régions les plus reculées et les plus enclavées. Et j'éprouvais aussi un attachement pour cette terre, un respect infini pour ces infatigables médecins, agronomes, paysans qui n'aspiraient qu'à donner le meilleur d'eux-mêmes pour leur peuple. Je retournerais là-bas tous les deux ans.

J'y suis repartie en 1985 avec une femme médecin, car, au cours des premières missions, je n'étais jamais seule. Nous allions à Gaza afin de témoigner notre amitié à des médecins aconfessionnels palestiniens qui protégeaient la population et qui avaient été roués de coups, laissés pour morts par des islamistes à l'intérieur des camps. Pour l'unique raison qu'ils étaient membres du Secours médical palestinien et qu'ils aspiraient à la libération des territoires avec l'espoir de former un État démocratique. Ces exactions des islamistes avaient été commises sous les yeux des militaires israéliens qui n'avaient pas cillé. Ces derniers jouaient les apprentis sorciers. « Un jour, ça se retournera contre eux », m'avait dit le docteur Hamzeh. Les Israéliens ont protégé les islamistes, avec l'idée que l'ascension de ces derniers entraverait les négociations de l'OLP et la libération des Territoires occupés. Dans le même esprit, l'Association des femmes palestiniennes, qui s'occupait déjà d'éducation populaire en direction d'autres femmes, vit ses équipements pour la garde des enfants détruits par les militaires israéliens et l'autorisation donnée pour la construction d'une mosquée. Ce choix peut surprendre.

Depuis 1983, l'aide du Secours populaire est constante dans les Territoires occupés. Nous avons fait venir des médecins palestiniens en France pour qu'ils se perfectionnent dans certaines spécialités. Dès la première Intifada en 1987, l'association du docteur Hamzeh, toujours en partenariat avec le Secours populaire, a enseigné les premiers secours aux jeunes, avec la belle idée qu'on ne jette pas de pierres quand on sait soigner. Au fil des années nous avons épaulé l'organisation globale des soins à travers des cliniques traditionnelles, mais aussi des « cliniques mobiles » établies dans des véhicules médicalisés, qui se déplacent dans les camps et au domicile des civils pour les secourir, dans des conditions souvent épouvantables. Ces camions vont aussi dans les écoles de l'Unrwa – Agence de secours et de travaux des Nations unies pour les réfugiés palestiniens au Proche-Orient – afin de dispenser des formations. Désormais, les donateurs du Secours populaire financent des bibliothèques pour que les jeunes puissent continuer à étudier malgré les blocus. En 1988, l'association Physicians for Human Rights, fondée par des médecins israéliens qui travaillent main dans la main avec leurs confrères du Secours médical palestinien, décide d'apporter son aide aux Bédouins qui vivent dans des campements insalubres, aux prisonniers et aux habitants des Territoires occupés. La présence des médecins israéliens facilite les démarches administratives et les passages des check-points. Le but de ces deux associations partenaires est aussi d'écouter les patients, de prendre en compte leurs souffrances tant physiques que morales et de relayer leur parole. Le Secours populaire ne pouvait que s'engager à leurs côtés.

Tous ces progrès sont arrachés dans un climat de tension et d'insécurité d'autant plus éprouvant qu'il s'éternise. Désormais, ce sont plusieurs générations de Palestiniens qui ont vécu sous les bombes. En 2002, l'armée israélienne a envahi l'immeuble du Secours médical palestinien sous prétexte de trouver un homme qui venait de s'y réfugier. « Un médecin est alors sorti pour demander aux militaires de ne pas commettre d'exactions, lit-on dans *L'Humanité*. Dans l'immeuble vivent en effet de nombreuses familles. L'armée a refusé, a fait évacuer les habitants et a procédé à une fouille, en utilisant le médecin comme un bouclier humain. » Voilà le quotidien des médecins de Gaza.

Notre association débloque toujours des fonds d'urgence quand les bombardements rendent la vie impossible à ces populations. En 2008, après deux ans de blocus et de nouvelles attaques israéliennes, la situation s'aggrave. Le Secours populaire fait alors appel à toutes les bonnes volontés. Djamel Debbouze, qui n'oublie jamais de dire qu'il a eu sa première paire de baskets grâce au Secours populaire, intercède auprès du roi du Maroc pour qu'il mette deux avions à notre disposition, afin de transporter des médicaments à Gaza. À l'issue de ces missions, notre association aura livré plus de 30 mètres cubes de matériel médical, d'une valeur de 105 000 euros, ainsi que des couvertures et des cartables pour 3 000 familles.

Du 10 au 21 mai 2021, lors des affrontements qui ont fait rage entre l'armée israélienne et le Hamas, le Secours médical palestinien s'est immédiatement mobilisé, lançant un appel international dans tout le réseau euro-méditerranéen. Mustafa Barghouti a donné un entretien au Secours populaire. Il y dit que pendant onze jours « où que vous ayez été à Gaza, vous ne pouviez jamais vous sentir en sécurité car n'importe quel endroit pouvait être la proie d'une attaque, n'importe quelle maison pouvait être bombardée. De nombreuses maisons de civils ont été bombardées sans préavis, et des familles y ont été tuées. [...] La population ne pouvait accéder à aucun service médical. Les personnes souffrant de maladies chroniques devaient être soignées. Le stress occasionné par les attaques accentue les symptômes de certaines maladies, comme les cardiopathies, poursuit-il. Les hôpitaux étant débordés, nos équipes de santé se rendent chez les personnes blessées. Des équipes se chargent d'apporter des produits de première nécessité : couvertures, colis alimentaires, trousses de secours, ainsi que des kits d'accouchement. » Enfin, il détaille pour les donateurs du Secours populaire la longue liste de ce qui fait défaut pour assurer le minimum de soins : « Nous avons besoin d'aide financière pour acheter des médicaments : c'est la chose la plus urgente. Nous avons besoin de recruter des professionnels : des médecins, des infirmiers, des psychologues, des secouristes. Nous avons besoin d'acheter de nouveaux véhicules car notre parc automobile, à Gaza, est très vieux. Nous avons besoin de matériel médical, de trousses de premiers secours et du matériel d'urgence humanitaire (des couvertures, de la nourriture, des vêtements). Nous avons besoin d'aide pour nos dispensaires et cliniques mobiles. » Le 20 mai, le Secours populaire a envoyé 50 000 euros à l'association palestinienne pour répondre à une partie de ses demandes.

Actuellement, nous sommes très présents à Jérusalem-Est, en particulier dans le quartier de Cheikh Jarrah. La domination israélienne y est permanente et agressive. Les colons s'emploient à chasser violemment les familles des maisons en leur possession depuis des décennies et disposant pourtant de tous les actes de propriété légaux, transmis en son temps par le royaume de Jordanie. Les Palestiniens le savent : chaque fois qu'un colon peut acheter un bout de terrain ou de maison, il l'achète. C'est la bataille du mètre carré. Une guerre des nerfs et judiciaire. Nous sommes impuissants sur ce point. En revanche, nous avons élaboré un programme majeur en direction de la jeunesse palestinienne de Jérusalem-Est, avec le soutien de l'Agence française de développement, par le biais de formations citoyennes, semblables à celles que nous organisons en France.

Aux États-Unis, on voit se développer un mouvement de jeunes Juifs qui considèrent Israël comme un État colonisateur. Ils n'acceptent plus que leur communauté finance ce dernier et tendent à créer des ponts avec le peuple palestinien. Le docteur Mustafa Barghouti a été invité par l'université Harvard pour y apprendre l'informatique pendant deux ans. Ses études ont été prises en charge intégralement grâce à une bourse. Les Américains savaient parfaitement qui ils formaient, et ce choix avait du sens. La France a été plus lente à se mobiliser. Certes, j'ai assisté à la remise de la Légion d'honneur au rang d'officier du docteur Barghouti dans les salons du Quai d'Orsay. C'était l'une des dernières actions de Bernard Kouchner en fonction au ministère des Affaires étrangères. Certes, nous avons entendu le président Chirac lançant sa fameuse phrase en 1996, « *You want me to take my plane and to go back to France*[1] *?* », alors que le service de sécurité israélien l'empêchait de saluer des Palestiniens dans les rues de Jérusalem. Certes, nous avons vu le président Macron s'opposant à la présence de

1. « Vous voulez que je prenne mon avion et que je retourne en France ? »

policiers israéliens devant l'église Sainte-Anne située dans le quartier musulman de cette même ville. Ce sont des pas en avant pour clarifier la position française vis-à-vis des Palestiniens. Mais qui restent très insuffisants.

Au retour de notre premier voyage en 1983, à l'aéroport, les services de police israéliens savaient d'où nous revenions, le docteur Zuckmann et moi. Nous avons eu droit au traitement habituel réservé aux personnes mal vues par les autorités israéliennes : un interrogatoire interminable. J'attendais que ça passe. Et c'est là que j'ai compris les précautions du docteur Zuckmann. Excédé, il a sorti son étoile jaune de son portefeuille et il a dit à la jeune femme officier qui nous interrogeait : « Moi, j'ai payé pour que vous, aujourd'hui, vous soyez là, alors maintenant, ça suffit. » Il était livide de colère. Il y a eu un blanc. Et on nous a laissés passer.

Je suis confrontée à ce genre de situation à chacun de mes voyages, c'est toujours original pour moi d'atterrir à Tel-Aviv, mais je n'y prête plus attention. On veut s'assurer de mes intentions quand j'arrive sur le sol israélien. Bien sûr, les autorités ont compris qu'il y a une continuité dans l'action du Secours populaire, que rien ne nous découragera, et que les uns et les autres, nous appartenons à une organisation de paix. Ils ne relâchent cependant pas leur surveillance. De plus, les moyens techniques ont progressé. Lors de ma dernière visite, j'ai été identifiée dans la file d'attente par une caméra à reconnaissance faciale avant même de passer les contrôles. Une femme en uniforme est venue me chercher dans la file, elle a introduit mon passeport dans une machine réservée aux voyageurs signalés, et elle m'a dit : « Allez-y. » Quand je suis dans les Territoires occupés, je demande expressément qu'on ne m'adresse aucun e-mail…

19

Rire d'une «preuve archéologique»

À 24 ans, rencontrant pour la première fois des Palestiniens venus me voir dans les fonctions que j'exerçais au Secours populaire, j'avais découvert mon ignorance abyssale. Je n'avais jamais mis les pieds en Israël. Depuis l'adolescence, j'étais pour la libération des peuples, j'ai donc rapidement épousé la cause des Palestiniens. Évidemment, autour de la table familiale, nous étions plus divisés. Et nous évitions le sujet, sinon c'était sanglant. Personne n'était masochiste chez nous. Pour mon père, c'était moins une question idéologique que sentimentale. Il avait vécu quatre ans en Israël après avoir subi la terreur en Roumanie. Au moment de la guerre des Six Jours, il voulait s'engager, ma mère était propalestinienne. Elle s'est contentée de dire à son quadragénaire de mari : «Tu es trop vieux.» Sur le sujet, Lucien était volontiers provocateur. Quand il prétendait qu'il voulait être enterré dans le cimetière de Jérusalem, ma mère disait encore : «Je respecte ton choix mais sache que je ne viendrai jamais sur ta tombe.» Mon père était pro-israélien tout en conservant une extrême lucidité. Il me faisait penser à Camus prononçant son discours à la Maison des étudiants de Stockholm en 1957 : «En ce moment on lance des bombes dans les tramways d'Alger. Ma mère peut se trouver dans un de ces tramways. Si c'est cela la justice, je préfère ma mère.» Mon père connaissait très bien le parcours de Netanyahou et il faisait la différence entre un voleur et un honnête homme. Il ne cautionnait pas davantage la souffrance des Palestiniens. Mais l'atavisme était trop fort, Israël était le lieu qui l'avait accueilli, où il avait fui pour sa survie à 17 ans. Heureusement, entre nous, il n'y avait pas de désaccord de fond sur la question des droits de l'homme. D'ailleurs, mon père est venu à un congrès du Secours populaire, dont il était administrateur, et où était présente la présidente de l'Association des femmes palestiniennes avec son bébé. Il s'est révélé un excellent baby-sitter pour le petit Palestinien pendant que sa mère faisait un discours.

En 1990, je suis allée voir ma grand-mère paternelle en Israël, alors que je ne passais pas chez elle habituellement lors de mes missions en Territoires occupés. Je ne tenais pas à mélanger les genres, ce n'étaient pas des voyages d'agrément. Mais ma grand-mère était devenue trop âgée pour venir en France. À mon arrivée, elle m'attendait à l'aéroport. Avec ce ton qui la caractérisait, entre humour noir et désapprobation, elle m'a demandé avant même de m'embrasser : « Il y a une bombe dans tes bagages ? » Et je lui ai répondu : « Veux-tu que je prenne le premier avion de retour ? » Un autre jour, plus tard, des amis palestiniens m'ont conduite chez elle à ma demande. Ils pensaient me déposer devant sa porte et m'attendre à la plage. Elle a ouvert. Elle a vu mes amis. Elle les a invités à prendre un café. La discussion était prudente des deux côtés de la table mais cordiale. Ma grand-mère a fait l'effort de passer par-dessus ses préventions. Nous n'avons pas dit un mot de cette rencontre une fois mes amis partis. Elle me connaissait et savait qu'il était inutile de discuter mes choix.

C'est toujours ma grand-mère qui m'a conseillé, lors d'un autre séjour chez elle, d'aller à Saint-Jean-d'Acre. Une des villes où, aujourd'hui encore, les habitants affirment que la coexistence entre Arabes et Juifs est un exemple. Actuellement, les Palestiniens israéliens y représentent un tiers de la population contre 20 % en moyenne dans l'État hébreu. À Saint-Jean-d'Acre, il y a trente ans, j'ai surtout vu une situation très égalitaire du point de vue de la pauvreté.

Ce jour-là, je m'engage dans la forteresse qui date des croisés. Je traverse la salle des chevaliers bâtie par Richard Cœur de Lion avant de descendre vers le tunnel des Templiers. On y trouve un musée précédé d'une affiche où on peut lire : « Entrez pour voir la preuve archéologique que c'est le pays des Juifs. » J'ai pénétré dans le souterrain spectaculaire, j'étais seule, c'était extraordinaire. Et je suis arrivée à la fameuse preuve archéologique. Dans une vitrine, j'ai vu la Bible. Ça m'a semblé absurde d'avoir pu y croire ne serait-ce qu'un instant. C'était vraiment une leçon de géopolitique sur le terrain. Quand je suis rentrée, j'ai raconté ça à ma grand-mère. Elle a éclaté de rire.

20

Revivre à Banda Aceh après le tsunami

En décembre 2004, Christian Favier, le président du conseil général du Val-de-Marne élu depuis trois ans, voulait opérer des changements dans l'organisation de son équipe et s'entretenir avec moi de la place que je souhaiterais y occuper. À cette époque, j'étais déjà au bureau du Conseil national des politiques de lutte contre la pauvreté et l'exclusion sociale, où je recueillais des informations sur les Français les plus fragilisés par la situation économique, que je transmettais aussi bien au conseil général qu'au Secours populaire. Toutes mes activités s'étayaient les unes les autres, j'avançais sans m'écarter de ma trajectoire.

Le 26 décembre 2004, le monde entier apprend qu'un séisme de magnitude 9,3 a provoqué une vague géante dans l'océan Indien. Ce tsunami dévaste douze pays. Je décide de me consacrer entièrement au Secours populaire pour gérer les entrées financières dédiées à ce drame et la conduite des projets dans les différents pays touchés. Je demande ma mise à disposition à Christian Favier car cette mission du Secours populaire impliquera de nombreux voyages sur place pour rencontrer les autorités et les populations. La proposition est votée à l'unanimité par le conseil général, ce qui représente de leur part une importante contribution à l'effort de solidarité mondial, puisque cette mesure consiste à libérer un de ses cadres afin qu'il exerce ses compétences dans une association reconnue d'utilité publique, tout en maintenant son salaire. Notons que ce dispositif sera supprimé par le président Sarkozy quelques années plus tard. Mais, à l'époque, la mise à disposition de trois ans est reconductible une fois, ce qui me vaut six ans de pleine activité pour le Secours populaire.

Le docteur Ismaïl Hassouneh et Jean-Louis Callens, tous deux membres du secrétariat national du Secours populaire, et moi-même posons le pied à Banda Aceh en avril 2005. Aceh est située à la pointe nord de l'île de Sumatra. Et c'est là que le tremblement de terre, d'une durée de huit minutes, a été le plus long. Puis a suivi le raz de marée, avec une première déferlante de huit mètres de haut, suivie de vagues de vingt mètres se déplaçant à 50 kilomètres-heure. Une dizaine de kilomètres de côte sont dévastées. Les images diffusées par les médias au moment du drame sont insoutenables. Les corps des hommes et des femmes emportés par les torrents d'eau sont comme des fétus de paille mêlés à une avalanche de véhicules, de toits de tôle, de poutrelles, tandis que des enfants pris dans les tourbillons hurlent en appelant à l'aide. Bientôt, on voit des milliers d'habitants fuyant des villages submergés, avec leurs seuls vêtements sur la peau. Ils courent, poursuivis par l'eau noire et qui sent le soufre. Ils n'ont plus rien.

Trois mois après le drame, les organisations internationales d'urgence sont parties. Nous sommes conduits à Lampoulo, le village de la côte le plus durement frappé. Sur ce qui était un port actif peu de temps auparavant, l'horloge est arrêtée, un gros bateau blanc repose au faîte d'une maison, à des kilomètres de son attache. À perte de vue s'étend une terre jaunâtre couverte d'un amoncellement de vestiges. Nous progressons péniblement sur ce sol lunaire où reposent des milliers de victimes. Rien, pas un son, pas un être vivant, pas un oiseau. Soudain, nous voyons un fil tendu avec des vêtements qui sèchent. Nous nous dirigeons vers ce qui ressemble à une présence humaine. Une guérite se dresse au milieu du paysage d'apocalypse. À travers les ouvertures, nous apercevons trois jeunes gens au regard perdu. Ici, ils peuvent acheter un peu d'épicerie et boire un café ensemble. Le docteur Ismaïl Hassouneh, franco-libanais, demande en arabe où trouver l'imam. Celui-ci, une fois rencontré et après que nous lui avons expliqué notre mission solidaire, autorise les hommes à nous parler. Il les rassure, nous venons bien pour apporter notre soutien. Dans la guérite, nous demandons aux trois jeunes gens, assis sur un banc, s'ils veulent bien nous décrire leur situation. Les garçons disent d'une voix sourde : « Toutes les femmes du village ont été emportées par la vague. » Ce sont des pêcheurs, ils étaient en mer au moment de la catastrophe. Quand ils sont revenus à terre, il n'y avait plus une femme. Quelques enfants avaient survécu. Nous accusons le coup. Que peut-on faire pour les aider ? « On voudrait des ballons pour que les enfants puissent jouer au foot. » Ils veulent revenir à la vie, c'est ce que je me dis en cet instant. L'imam nous demande une télévision. « Pour qu'on sache ce qui se passe ailleurs. On la placera sur une estrade, tout le monde pourra la voir. Tous ceux qui sont encore là. » C'est d'accord, bien sûr. Les trois jeunes se chargent de nous conduire dans un magasin, mais c'est un vendredi soir et tout est fermé. Ils font rouvrir la boutique, une sorte de bazar qui vend un peu de tout. Je demande :

« Il n'y a plus de femmes du tout ?

— Il en reste une trentaine sur des milliers. »

Je décide d'acheter des cosmétiques pour ces femmes. Ce n'est pourtant pas ma passion. Je choisis du maquillage, des eaux de toilette et du shampoing que je souhaite leur remettre en main propre. Les jeunes gens négocient les prix, on ne peut pas les tromper. Le lendemain, tout est livré, y compris des batteries de douche. Enfin ! Quatre mois après le tsunami, cette partie de l'île vit encore complètement hors du temps. Il nous faut maintenant tracer les grandes lignes d'un programme.

Nous rencontrons le chef de la pêche. Même question :

« Comment pouvons-nous vous aider ?

— En nous fournissant de la glace. »

Un court instant, nous restons interdits. Quel genre de glace ? Les pêcheurs partent toujours en mer, mais faute d'un moyen de conservation et compte tenu du climat, tous les poissons sont bons à jeter à leur retour. Sur les trente unités qui produisaient de la glace à la ronde, pas une n'a résisté. Nous sommes au milieu d'une terre totalement désolée.

« Où trouver un camion qui produise de la glace ?

— À Jakarta, il y a une usine, je vous donne l'adresse. »

Nous prenons rendez-vous avec le patron de l'usine de construction de camions qui nous fait un devis. Nous devons maintenant rentrer à Paris, lui explique-t-on, et si nous pouvons financer le projet, nous lui passerons la commande. Il nous prévient qu'il faudra compter avec le temps de livraison du moteur fabriqué en Allemagne. Quelques mois plus tard, le camion frigorifique arrive à bon port. Nous resterons en contact avec le patron de cette usine qui se sera montré si coopératif et attentif aux besoins des pêcheurs. Et bientôt, lui-même créera une fondation pour son pays, selon les principes d'entraide du Secours populaire.

Lors de cette première visite, nous savons qu'en Indonésie la répression contre les communistes a été terrible et que des milliers de personnes étaient interdites de travail il y a peu de temps encore. Nous découvrons qu'un nouveau gouvernement et les insurgés ont mis fin à la guerre civile dans l'île de Sumatra, instaurant une trêve approuvée par les habitants d'Aceh. De notre côté, nous recevons un bon accueil des autorités locales et nationales. Ce climat facilitera notre travail et nous voulons nous y mettre rapidement, bouleversés par les visions d'horreur qui nous attendaient ici. Nous rentrons en France déterminés à évaluer urgemment nos possibilités d'action et les moyens nécessaires pour les mettre en œuvre.

21

Ne pas hiérarchiser la souffrance

Julien Lauprêtre est du deuxième voyage à Banda Aceh pour assister au lancement de la production de glace. Sur le port, il reste un unique arbre. L'arbre sauveur auquel les gens se sont accrochés pendant le tsunami. Quand la vague est partie, il y avait, nous raconte-t-on, des fruits humains vivants accrochés par dizaines aux branches. Le banyan a résisté, il est devenu un symbole. C'est sous cet arbre que nous décidons d'installer le camion frigorique. Sur le port, tous les petits bateaux en bois peint sont réunis, ainsi que les pains de glace. Si la distribution est rapide, les hommes n'auront pas pêché en vain. Julien est très ému de se trouver au milieu de ces travailleurs de la mer qui se réapproprient leur outil et leur fierté en même temps.

C'est extraordinaire, mais le plus extraordinaire, c'est de voir dans ce village où toutes les femmes avaient disparu, noyées, dans les maisons nouvellement construites, des Indonésiennes et leurs nourrissons. Comment est-ce possible? Je me fais traduire la réponse de l'imam à nos côtés. Dans un village voisin, à l'inverse de celui-ci, tous les pêcheurs ont été engloutis par la vague. Les veufs des deux villages ont été réunis. Et sous nos yeux se déroulent des scènes de famille inespérées quelques mois plus tôt. L'idée de rapprocher ces solitudes est tellement en prise avec la vie que nous sommes saisis d'émotion.

À l'issue de notre semaine exploratoire, il apparaît toujours que l'urgence va aux écoles et aux outils de travail. Le camion frigorifique n'est qu'un début.

En 2006, nous sommes une dizaine d'amis du Secours populaire à nous envoler pour l'Indonésie. Le programme est chargé. À Banda Aceh, pour ne citer que cette partie du voyage, nous rencontrerons l'association LP4A-Triartika. Cette ONG se consacre au développement socio-collectif des activités de pêche. Une mini-usine de fabrication de glace doit voir le jour sur le port principal. Est-ce que les installations portuaires permettent l'accès à l'eau potable? Quel terrain a été choisi pour l'unité de fabrique de farine de poisson? Où en est le projet de coopérative destinée à la vente de glace et des poissons dans les villages alentour, ainsi qu'à la gestion de la poissonnerie et du restaurant populaire que nous avons proposé de financer? Nous avons aussi pour mission de rencontrer les familles parrainées par les donateurs du Limousin. De visiter les écoles soutenues par l'entreprise

Ineo-Suez et par ses salariés dans le cadre d'un projet « Un euro pour l'Asie ». D'inaugurer une nouvelle école primaire dans un quartier particulièrement déshérité d'Aceh. De rencontrer la direction nationale de la Fondation Leuser International afin de faire le bilan sur nos actions communes et de récolter les justificatifs attendus par notre service financier et les donateurs. Notre périple nous mènera aussi à Jakarta, à Matara et au Sri Lanka pour d'autres missions de même nature.

À une quinzaine de kilomètres de Lampoulo, le directeur de l'école de Keude Bieng nous attend, entouré par son équipe d'enseignants. Dans la classe, les gamins sont hilares à notre arrivée. Jérôme Deya et son appareil photo n'y sont sans doute pas pour rien. Chemise blanche immaculée et pantalon rouge pour les garçons ; les filles, elles aussi en blouse blanche, complètent leur uniforme avec un hidjab autour de leur visage rond et une jupe longue rouge. En cet instant, un garçon, indifférent à l'agitation que crée notre apparition, écrit sa leçon au tableau. Plus tard, pendant la récréation, les filles nous offrent le spectacle radieux de leurs acrobaties au-dessus d'une cordelette tendue, jupe remontée jusqu'à la taille, laissant apparaître des bermudas en nylon multicolores.

Les responsables de Haute-Vienne et celui du comité du livre du Secours populaire vont s'entretenir avec le directeur dans son bureau. Le mobilier y est en bois verni comme dans les classes, excepté une bibliothèque vitrée où sont rangées les fournitures remises gratuitement aux enfants. Une mappemonde attend son cours de géographie au-dessus d'une armoire. Toutes les ouvertures sont protégées par de grandes lamelles de stores. L'ensemble respire la sérénité. « Mais pourquoi les ordinateurs destinés aux élèves sont-ils tous entreposés et débranchés dans votre bureau ? » demandent les dirigeants du Secours populaire. Le directeur évoque des questions de sécurité, mais aussi des difficultés techniques. Nous lui proposons d'installer une ligne téléphonique à bas débit et un abonnement internet, à l'essai pendant au moins un an, afin que les enfants puissent se familiariser avec les nouvelles technologies, et 1 000 dollars sont budgétés à cet effet.

À l'école Negeri-Lambaro-Angan, une banderole bilingue français-indonésien souhaite la bienvenue au Secours populaire, ainsi qu'à ses parrains d'Ineo-Suez. Mêmes uniformes, même plaisir des garçons à poser devant l'objectif. Mais les filles sont toutes vissées aux ordinateurs dans une salle parfaitement aménagée à cet effet. Deux écolières y rédigent en toute autonomie un exposé aux pages encadrées d'une frise de papillons. Et le directeur nous explique qu'il désire encore porter l'accent sur ces acquisitions. Elles sont d'autant plus nécessaires que les enfants sont pour moitié issus de familles vivant très pauvrement de l'agriculture, et pour un quart, de l'économie informelle. Des activités échappant, certes, à la régulation étatique mais aussi à la protection sociale. « L'école a des besoins considérables », nous dit-il. Pourtant ses demandes nous semblent très raisonnables. Bitumage de la cour pour limiter les dégâts causés par les moussons, acquisition de quelques ordinateurs supplémentaires, abonnement internet, vêtements spécifiques pour les enfants musiciens. Cet établissement pilote aide, par ailleurs, sept écoles voisines, sur son budget déjà très resserré. Le directeur demande un soutien pour ses collègues. Comme toujours ceux qui reçoivent une aide sont les premiers à vouloir aider. Nous ne pouvons pas nous engager dans l'immédiat, mais nous sommes très sensibles à ses arguments que nous transmettrons aux salariés d'Ineo-Suez.

Retour à Lampoulo. Un panneau nous accueille, signifiant le partenariat entre le Secours populaire et LP4A-Triarka pour la reconstruction de la filière de distribution régionale de poisson. Deux ans après notre première visite, le port est méconnaissable. Les barques aux couleurs vives flottent à touche-touche. D'autres accostent au milieu d'une foule affairée à se passer de main en main les paniers de poissons frais. Les motos, affublées d'un grand plateau à roues sur le côté, façon side-car, sont prêtes à livrer aux alentours. D'un camion, de jeunes hommes déchargent à mains nues des pains de glace, lesquels sont placés dans une machine des plus rustiques qui s'active à les piler pour la conservation de la pêche du jour. L'usine de fabrication de glace sur place facilitera la vie de tous. Nous parcourons une centaine de mètres pour la visite du terrain de 1200 mètres carrés destiné à ce projet. Il jouxte opportunément la station d'approvisionnement en fioul des bateaux. Les ouvriers s'y activent déjà.

Direction Sunda Kelapa, port principal de Jakarta, le lendemain. Nous avons pris langue avec un industriel local, spécialisé dans la fabrication de produits alimentaires à base de poisson. Lors de notre échange, nous lui proposons de prendre en charge son voyage et un bref séjour à Lampoulo afin qu'il assure une expertise et un parrainage de nos opérateurs, proches de pêcheurs ou pêcheurs eux-mêmes. Ces derniers se montrent très engagés, fourmillant d'idées, mais nous nous demandons s'ils mesurent les difficultés à venir pour la création d'une poissonnerie et d'un restaurant solidaire, susceptibles d'être rapidement à l'équilibre économiquement, puis de dégager des bénéfices. Ici la poissonnerie, sous un régime de société lié à la municipalité, est animée par une quinzaine d'employés. Le matériel en acier est rutilant. La chaîne du propre vers le sale, irréprochable. Les clients peuvent se restaurer sur place, acheter des poissons vivants ou morts, ou des plats cuisinés. La préparation des poissons se fait sous leurs yeux, sur un long et étroit plan de travail où alternent planches à découper et éviers en inox, derrière lesquels se pressent une dizaine de travailleurs en grand tablier ciré jaune. Situé dans un quartier populaire, l'endroit est inspirant et un modèle à suivre pour les pêcheurs de Banda Aceh.

Quelques jours plus tard, à Hambantota, au sud du Sri Lanka, les bénévoles visitent un village dont le Secours populaire a financé la construction. Le projet est né lors de notre premier voyage dans le pays sinistré en avril 2005. Nous avions cherché à rencontrer le Premier ministre pour l'entretenir de ce programme et obtenir son concours. Le temps nous était compté, sauf que c'était le jour d'une fête nationale religieuse. Tout était fermé et l'homme se reposait dans sa villégiature. Il a accepté de nous y recevoir et nous avons sauté dans un minibus. Nous avions cru comprendre que la situation était particulièrement difficile pour les veuves hindouistes, jugées responsables de tous les maux de la terre en général et du tsunami en particulier. Nous voulions financer une centaine de maisons pour des femmes hindouistes et autres, mais seules, et sur une terre vierge. Le titre de propriété leur serait remis avec interdiction de vendre pendant vingt ans, afin d'assurer leur protection et d'éviter les pressions familiales. Le Premier ministre nous a écoutés. « C'est remarquable. Je prends », a-t-il lancé. Il voyait même très bien où édifier les maisons, sur un terrain de 8 hectares.

Nos ambitions ne s'arrêtaient pas là. Le village comprendrait des maisons en dur avec fosses septiques, bien sûr, mais nous envisagions aussi la voirie, des lieux de vie, une petite école, et une usine textile avec embauche prioritaire pour les femmes du village. Enfin, serait édifié un château d'eau alimenté grâce à un bassin de rétention, permettant de différencier eaux fluviale et potable. « Nous aurons besoin que vous sollicitiez les compétences des ingénieurs du pays », avons-nous dit au Premier ministre. Jean-Louis Callens, dont c'était la partie, ne serait pas avare de suggestions, notamment pour déterminer le nombre de mètres de tuyauterie nécessaire pour s'approvisionner dans le lac à trois kilomètres du village. Hors du village, tous ceux qui habitaient à gauche et à droite de la tuyauterie pourraient se brancher à leur manière et bénéficier de l'installation. Le coût total de ce programme s'élèverait à 1 150 000 euros : 450 000 consacrés à la construction du complexe et 700 000 à l'achat des machines. Et lors de notre périple de 2006, nous venons constater que ce village du Secours populaire n'est plus une utopie.

Le tsunami de 2004 a engendré un record de dons dans le monde entier. Les images des touristes en Thaïlande, hurlant de terreur face à la vague, ont fait le tour de la planète. Les millions de vacanciers revenus enthousiasmés par leur séjour dans ce pays se sont sentis pleinement concernés, dans un mélange d'identification aux victimes – « Et si ça nous était arrivé » – et de nostalgie pour une terre enchanteresse et ses habitants hospitaliers. Ils n'ont pas supporté la vision de ce paradis anéanti. Une immense énergie collective a été aussitôt déployée, entraînant des aberrations, comme souvent, quand les décisions sont prises dans la précipitation. À titre d'exemple, des avions sont partis des pays occidentaux avec des cargaisons de vêtements inutiles. Le pêcheur thaïlandais ne porte ni pull ni costume-cravate. Tout ce textile prend de la place et des bras pour l'entreposer. En fait, les envois doivent s'opérer en stricte coordination avec les destinataires.

Le Secours populaire reçoit alors plus de dons que jamais : 13,8 millions d'euros. Il nous faut repenser le type d'aide que nous pouvons apporter afin d'utiliser cet argent avec pertinence et à long terme. Il n'y a qu'une solution à nos yeux : aller de nouveau sur place pour nous entretenir avec les autorités locales, les imams, les responsables de production, les pêcheurs, les femmes, et réaliser les projets en pleine confiance et concertation avec eux. De notre côté, nous devons vérifier que nos partenaires disposent des autorisations légales, et que les titres de propriété sont conformes aux dispositions locales. Ce qui ne peut se faire à la va-vite. Chaque intervenant doit tenir sur la longueur, sans espérer assurer l'avenir de populations dévastées par la seule magie de l'argent.

Tout ne se déroule pas sans mal et sans écueil parfois. Pour la reconstruction, nous attendons des maisons de qualité. Il nous faut trouver des personnalités intègres et compétentes pour les contrôler. C'est ainsi que nous sommes alertés par l'un de nos interlocuteurs privilégiés. Nous arrivons sur le chantier où les maisons sont quasi achevées. Jean-Louis Callens prend en main un morceau de ciment et le projette sur un rocher. Le ciment est pulvérisé. Il annonce à l'entrepreneur stupéfait : « Il y a trop de sable dans votre ciment, au moindre incident cette maison va s'effondrer. Et croyez-moi, parce que c'est mon métier. » L'entrepreneur local n'a pas encore pleinement saisi qu'il va devoir repartir de zéro. Alors mon ami enfonce le clou : « Ce n'est pas parce que ce sont des maisons pour les pauvres que vous devez construire de pauvres maisons. »

Le Secours populaire intervient en Indonésie, en Thaïlande, en Inde et au Sri Lanka, touchés par le tsunami, depuis 2004. Quand le donateur se rend sur le site de notre association, il peut voir de ses yeux comment ses dons ont été utilisés. Avec ces 13 millions d'euros initialement reçus, augmentés de dons annuels, nous pouvons dresser une liste qui dit le pragmatisme entêté dont nous faisons preuve, en accord avec notre manière d'aborder les problèmes : « Dis-nous ce dont tu as besoin et nous essaierons d'y répondre. »

À Medan, la grande ville du nord de Sumatra, dès le 10 janvier, chargement de deux camions pour le camp de déplacés de Lampaya à Banda Aceh et distribution de produits alimentaires, d'hygiène, d'uniformes pour les enfants prêts à reprendre l'école à Lhok Nga.

En Inde, des emplois recréés pour les Intouchables et les hors-caste dans le bidonville de Gandhi Nagar au cœur de Chennai.

En Thaïlande, aide aux villageois pour la préservation de la mangrove, afin de limiter la catastrophe écologique.

En Thaïlande encore, aide aux « nomades de la mer », chassés de leurs zones de pêche par le tourisme.

Partout en Indonésie, près de 500 000 bateaux avec leurs filets et casiers ont été détruits par le tsunami. Remise d'une somme de 288 655 euros en urgence pour les pêcheurs. Plus tard, à Jangka Buya, construction de cinq chalutiers sous la direction d'un architecte naval traditionnel.

En Indonésie, toujours, parrainages collectifs d'écoliers et d'une bibliothèque itinérante.

Sur l'île de Simeulue, au large de Banda Aceh, unité de production de glace.

Au total, plus de 250 000 personnes aidées dans 26 villages. Plus de 200 tonnes de produits divers achetés sur place et distribués.

En 2008, Corinne Makowski, chargée de l'international au Secours populaire, fait ce point non exhaustif des actions soutenues et précise : « Quand l'émotion retombe, d'autres besoins se révèlent. La phase de post-urgence est la plus difficile. De plus, en Indonésie et au Sri Lanka, nous étions dans des zones de conflit. Nous sommes restés auprès des sinistrés. Nous avons mené à bien nos programmes pendant quatre ans.» Elle ajoute : «L'association répertorie les besoins avec les partenaires locaux tout en agissant au rythme des bénéficiaires. Ce dialogue permanent assure la qualité et la pérennité des programmes.» Enfin, elle dresse le bilan de la catastrophe : «Le tsunami a fait plus de 230000 morts et disparus. La province de Banda Aceh dénombre 130000 morts, 37000 disparus et des dizaines de milliers de déplacés. Le tsunami cause ensuite 37000 victimes sur les côtes du Sri Lanka, plus de 15000 morts et disparus en Inde, plus de 8000 morts et disparus en Thaïlande. La catastrophe fait des victimes en Somalie, aux Maldives, en Malaisie... On déplore même un mort au Kenya et des déplacés à Madagascar. Le séisme de 2004 a laissé plus de 1 million de personnes déplacées. Une année après la catastrophe, 100000 personnes vivaient encore dans des abris précaires en Indonésie. Le même nombre de Sri Lankais étaient dans des camps de fortune.»

Mes expériences à Banda Aceh sont parmi les plus émouvantes que j'ai pu vivre. Mais il faut se défier des hiérarchies dans la souffrance. La vision des enfants dénutris lors des grandes famines est terrible. L'humanité en danger provoque toujours les mêmes chocs.

22

Accompagner les initiatives mexicaines à long terme

En 2006, je plie bagage pour une longue mission au Mexique, afin d'y faire le point sur dix ans d'activité du Secours populaire, et je mesure, comme chaque fois, la chance offerte par Julien Lauprêtre quand il m'a proposé la solidarité internationale. C'est un apprentissage incomparable. La pauvreté est la même partout. La pauvreté, c'est manquer de tout, et principalement de l'essentiel. Rien de relatif sur le sujet. Mais l'inventivité des peuples pour vaincre le sentiment d'exclusion, de déshonneur, de tristesse profonde qui va de pair avec le dénuement est toujours une source d'étonnement et d'optimisme. En outre, la fraternité immédiate qui s'établit entre les amis du Secours populaire et des apiculteurs ou des chapelières mayas offre le tableau d'une mondialisation accomplie, parfois, pour le meilleur. Les Mayas subissent le sort des peuples natifs, devenus des habitants de seconde zone économiquement dans leur propre pays, et ce depuis des siècles, mais que des associations du monde entier, sans vocation évangélique, se penchent sur leur sort et en fassent une priorité, c'est un progrès lié à notre époque. Et c'est une vraie stimulation intellectuelle que d'y participer.

Ici comme ailleurs, nous refusons d'installer des «clones» des comités du Secours populaire et travaillons avec des partenaires locaux capables de développer des idées solides. L'association Educe se bat contre la grande pauvreté en croisant plusieurs axes dans la noblesse de l'art : culture, écologie, emploi, éducation. Ses bénévoles travaillent dans les États du Campeche, de Guerrero et de Oaxaca où les ruraux sont particulièrement touchés par le chômage, amoindris dans leur quotidien par des revenus dérisoires, où les femmes sont souvent seules responsables des ressources du foyer quand les hommes émigrent dans des conditions aléatoires pour trouver du travail, enfin où la vie sociale est entièrement laissée à l'abandon par le gouvernement. Pourtant, ici, agriculture et culture vont de pair et désorganiser l'une, c'est tuer l'autre à petit feu. Xavier Moya, ingénieur agricole mexicain, dirige le bureau du PNUD, le Programme des Nations unies pour le développement, et il ne dit pas autre chose : il faut éradiquer la pauvreté tout en protégeant la planète. Selon lui, il «n'est pas possible de parvenir à une justice sociale intégrale et durable sans un environnement sain, et vice versa. Les preuves empiriques le confirment : les processus d'autonomisation et d'amélioration pérennes de la vie des communautés urbaines et rurales comprennent une position de gestion durable, de pouvoir de décision sur la gestion des ressources naturelles et dans de nombreux cas, également, une prise de conscience que les êtres humains ne s'opposent pas aux écosystèmes dans lesquels ils vivent, mais qu'ils en font partie. »

Pour les touristes qui y viennent en nombre, les États du Sud mexicain riment avec plages du Pacifique et nuits d'ivresse au mezcal. Mais ces États sont aussi la terre de plus de 700 000 Mixtèques, dignes représentants d'une riche civilisation préhispanique. Déjà au Xe siècle, leur économie dépendait principalement de l'agriculture. Les Mixtèques plantaient du chili, des haricots, des citrouilles, du cacao, du coton et du maïs. Ici, cependant, le relief escarpé et la sécheresse compliquent la tâche des paysans. Pour Educe, les enjeux sont multiples : promouvoir la sécurité alimentaire des populations indigènes rurales et marginalisées ; valoriser une exploitation adéquate de la terre, de la montagne et de l'eau pour améliorer le rendement et la qualité des aliments ; garantir l'indépendance alimentaire vis-à-vis des États-Unis ; consolider l'enracinement des jeunes dans leur communauté grâce à une activité et à un salaire régulier ; préserver l'écosystème et chercher des partenariats avec les universités. Qu'il s'agisse de jardins potagers, d'agriculture, d'artisanat ou d'écotourisme, les familles sont encouragées à suivre toute la chaîne de la production jusqu'à la gestion de la coopérative. Lors de ce voyage, nous devrons évaluer ensemble les programmes dans les domaines agricole, éducatif et sanitaire, l'adéquation des formations proposées, et l'état d'esprit des hommes et des femmes lancés dans ces aventures.

C'est ainsi que la communauté de Dzibalchén, dans l'État de Campeche, voit dix femmes mayas cultiver des légumes pour la consommation familiale et des orchidées pour la vente. Grâce aux universités paysannes, elles ont pu apprendre la lombriculture. La formation a été donnée par un jeune biologiste bénévole de Educe. Les femmes fabriquent le fertilisant écologique à base de fumier et de vers pour leurs besoins propres et elles le vendent alentour par sacs de 100 kilos. Elles nous montrent leur diplôme, mais ce qui les rend fières avant tout, ce sont les visites du maître de l'école du village avec ses élèves auxquels elles transmettent leur savoir.

À une soixantaine de kilomètres des cultivatrices de Dzibalchén, plus à l'intérieur des terres, les femmes mayas du village de Ich-Ek, conseillées par des chercheurs français et hollandais, fabriquent des savons et des crèmes adoucissantes avec le miel des abeilles mélipones. Leur présence généreuse, leur investissement individuel et collectif force l'admiration. Désormais, elles vendent leurs produits au niveau régional. Et elles ont remporté des prix et des gratifications au niveau national récompensant leur participation à la conservation du patrimoine culturel et à l'environnement de leur pays.

À Becal, toujours dans l'État de Campeche, des femmes ont créé une coopérative de tissage de panamas en fibre de palme. Dans la boutique, les chapeaux trônent sur des planches en bois des plus modestes. C'est un travail minutieux, nous expliquent-elles, et qui leur a été transmis dès leur plus jeune âge par leurs parents. Elles n'ont aucun problème dans la réalisation des panamas et elles travaillent collectivement sans rencontrer de désaccords. Grâce à une formation, elles ont appris à payer les taxes, elles s'enorgueillissent d'avoir désormais un compte bancaire, d'être inscrites au registre du commerce. Mais elles peinent à évaluer le prix de revient des chapeaux. Elles recherchent 10000 dollars pour acquérir vingt boules métalliques aux formes et tailles habituelles des couvre-chefs pour éviter d'être tributaires de l'unique propriétaire de ces formes qui facture 0,20 dollar le repassage de chaque chapeau et qui, surtout, le fait quand il veut. Ces femmes se questionnent sur leur temps de travail, elles font part de leurs doutes et sont conscientes de leurs succès, elles s'interrogent aussi sur leur place dans la cité. Elles ont néanmoins atteint le premier de leurs objectifs : subvenir aux besoins de leurs familles. Et le deuxième : acheter un fer à repasser financé par l'ambassade du Canada !

Pour toutes ces nouvelles entrepreneuses mayas, le Secours populaire aide à pourvoir aux formations, aux abris pour le matériel, aux outils, mais qui imaginerait que l'occasion nous est aussi donnée de contribuer à l'achat de formes de chapeaux? Grâce à nos partenaires locaux nous avons la capacité de nous adapter à l'artisanat et à la culture de territoires du bout du monde. Ce soutien à échelle humaine demande une disponibilité de tous les instants aux bénévoles, et les résultats sont là. Débourser 1000 dollars pour les modistes mayas est plus efficace que de faire des virements massifs qui se perdent dans les sables d'instances inconnues de nos partenaires. Et cette méthodologie pointue, pleine d'enseignements, est susceptible d'être étendue partout, même en France.

Nous partons pour l'État de Oaxaca, à la rencontre du groupe Pasatono qui préserve l'identité mixtèque grâce aux musiques traditionnelles, menacées par la forte émigration de sa population. Dans leur local, nous rencontrons des musiciens de tous âges penchés sur leur *bajo quinto*, une imposante guitare basse comprenant cinq jeux de cordes doubles. L'instrument est onéreux. Mais la population y tient, jugeant que c'est un honneur d'en jouer. Le projet consiste à financer la fabrication de onze instruments par un luthier ethnomusicologue et la formation d'un nouveau luthier. Les jeunes musiciens mixtèques contemporains donnent des concerts à Mexico, ce levier pédagogique et intergénérationnel redonne vie à des savoirs oubliés et du sens à l'existence des populations laissées pour compte.

Pour notre rendez-vous avec l'association « Impulseurs de la communauté », nous passons les frontières de l'État de Guerrero afin de parvenir à la ville de Petaquillas et à sa nouvelle bibliothèque. Ce sont les donateurs du Secours populaire qui ont financé une partie du bâtiment. Il est d'un blanc aveuglant sous le soleil tropical, festonné de guirlandes en crépon aux motifs traditionnels. Les collégiens ont grandement participé à l'édification de leur bibliothèque en faisant des collectes d'argent sur la route nationale et du porte-à-porte pour engranger des matériaux de construction. Les kermesses des habitants du village ont permis l'aménagement intérieur. Des étudiants, eux-mêmes enfants de milieux ruraux et soucieux de leurs responsabilités, ont en charge la bibliothèque dans le cadre du service social civique, en accord avec leur université située à 12 kilomètres de Petaquillas. Ils s'acquittent aussi de l'aide aux devoirs et des animations de fin de semaine. Outre la mission traditionnelle d'une bibliothèque, le lieu accueille des cours de couture, on y joue aux échecs ou de la musique traditionnelle. Le projet est globalement renforcé par les parrainages des fédérations du Secours populaire et de l'université voisine qui se chargeront d'abonder le lieu en livres et en équipements média. Lors de notre réunion, nos partenaires locaux nous font part d'une demande urgente : 2 000 dollars pour l'imperméabilisation du toit. Je dis : « OK pour 1 000 dollars tout de suite. » Mais j'ajoute qu'il est important que l'association mexicaine contribue à hauteur de 25 % et que cet apport figure dans le budget présenté. Nous voilà à 75 % du devis. Pour le dernier quart, je suggère de négocier les prix avec le patron de l'entreprise prête à mener les travaux, en l'informant qu'en échange son geste sera largement communiqué auprès des nombreux partenaires du Secours populaire sur place. Et ce conseil vaut aussi pour le mur antisismique nécessaire à la sauvegarde de la bibliothèque en cas de tremblement de terre. J'incite l'association à solliciter l'Union européenne autant qu'à faire jouer la concurrence entre les entreprises de la ville. L'activité bénévole n'est pas synonyme d'ignorance des lois du marché et ne justifie pas de tout payer au prix fort. Les bénévoles, dans leur grande modestie, oublient parfois de se comporter en patrons de petite entreprise et de défendre leur trésorerie pied à pied. Nos amis mexicains sourient en m'entendant, ils se sentent prêts à agir dans ce sens.

À Jalapa, des femmes cultivent des plantes médicinales pour soigner leurs familles tout en valorisant la biodiversité de la région ; à Hopelchén, d'autres fabriquent des sanitaires secs afin d'éviter la propagation du choléra ; dans la banlieue de Mérida, ce sont des ateliers de théâtre qui sont mis en place pour les enfants victimes de violence familiale ; ailleurs encore nous prenons en charge la prothèse de la comptable qui a perdu sa jambe dans un accident de voiture durant une mission pour l'association Educe.

Mes amis et moi revenons de ces missions soucieux de la pérennité des projets, jamais victorieux, car les micro-initiatives sont aussi vertueuses que fragiles. L'attention doit être constante, l'accompagnement, quasi prioritaire sur la distribution de fonds. C'est sur ce point que les bénévoles font la différence. De même qu'on n'adopte pas un animal pour le laisser au bord de l'autoroute avant les vacances, on ne peut s'enticher d'une cause et s'en déprendre sitôt qu'on est rentré chez soi. Ce voyage, et la diversité des programmes mis en place, incarne cependant à lui seul le Secours populaire tel que l'a imaginé et promu Julien Lauprêtre, car notre rôle ne s'est jamais limité à distribuer des sacs de nourriture et de vêtements comme on le croit encore parfois en France. Julien Lauprêtre était en avance sur son temps en termes de solidarité, il en avait une vision élargie, imaginative. Et puis il détestait se compliquer la vie avec les détails pratiques, alors, qu'on aide au Mexique, au Népal ou en Seine-Saint-Denis, il ne voyait pas vraiment la différence !

23

Créer une solidarité mondiale de notre temps

Seize ans après le génocide des Tutsis, Patrick Citerne, Reginald Van Leer et moi-même sommes chargés d'une mission au Rwanda aussi inhabituelle que l'histoire qui y préside. Nous avons un objectif majeur en atterrissant à Kigali : vérifier le bon acheminement de mobilier et d'ouvrages scientifiques destinés à l'université de Kibungo, située à une centaine de kilomètres à l'est de la capitale rwandaise.

En 1998, Judith Winogradzki, mathématicienne de renom et professeure honoraire à l'université de Rouen, se met en quête d'un organisme auquel léguer la bibliothèque historique et scientifique qu'elle a constituée avec son mari. Elle souhaite voir ce fonds documentaire unique servir à des étudiants défavorisés qui développeraient des recherches en mathématiques, en biologie, en physique ou en astronomie. Et elle voudrait que l'association soit capable de gérer le maximum du capital réalisé après la vente de sa propriété et des valeurs mobilières afin de financer des bourses d'études pour des personnes de haute qualité scientifique, engagées au service de l'intérêt général.

Notre rencontre ne manque pas de sel. Judith Winogradzki semble échaudée par des rendez-vous à des sièges d'associations qu'elle juge trop luxueux en comparaison de leur mission. Je souris et lui affirme qu'elle n'aura pas ce sentiment en découvrant nos locaux. «Je n'en doute pas, me rétorque-t-elle avec son autorité naturelle. – Ah oui? – Je me fie à ce que je vois et vous ne portez ni maquillage ni bijou.»

Cette femme étonnante disparaît en février 2006. Cinq mois plus tard, notre conseil d'administration décide de la création d'un fonds de dotation scientifique solidaire, voté peu après en assemblée générale. L'une des clauses testamentaires stipule que les livres ne pourront être dispersés. Or les bibliothèques françaises sollicitées ne disposent pas de place suffisante pour accueillir les milliers de volumes. C'est par José Kagabo, secrétaire national du Secours populaire français, administrateur de l'association Fondation solidarité rwandaise, puis sénateur, que nous sommes informés de la construction de l'Inatek ou Institut d'agriculture, de technologie et d'éducation, premier du genre dans un Rwanda qui renaît lentement de ses cendres. Après une longue réflexion, c'est bien à l'université de Kibungo que nous affecterons la bibliothèque scientifique. Elyo-Suez offrira les tables de son restaurant d'entreprise qui se verront ainsi profitablement recyclées en tables de travail pour les étudiants et les professeurs, et Air France, du mobilier pour l'aménagement de l'université. Mais leur généreuse contribution représentera 10 % des 253 mètres cubes de biens à transporter par bateau de France jusqu'au port kényan de Mombasa, distant de 700 kilomètres de Kibungo. Tout le reste, nous le devrons aux époux Winogradzki.

Sur la route qui va de Kigali à Kibungo, la splendeur des paysages ne permet pas d'oublier totalement les traces des tirs meurtriers de 1994, partout visibles dans la capitale. Notre véhicule suit les pistes de terre rouge, cernées par une savane arborescente et par les marcheurs, hommes, femmes et enfants, qui portent à bout de bras, sur le dos ou la tête, tout ce qui est vital. C'est l'abbé Dominique Karekezi, le recteur de l'Inatek, qui nous reçoit en cet été 2010. L'annulation de notre vol au dernier moment nous a empêchés d'assister la veille à la remise de diplômes des étudiants. Le recteur se réjouit néanmoins de son succès avec 2000 participants. Après une première réunion, nous voilà en train de faire le tour des locaux, salle par salle, pour vérifier la réception d'un matériel en bon état et dûment monté. Parfois Patrick Citerne donne une explication pour un assemblage encore inachevé. Tout est beau dans ces bâtiments en briques apparentes, dehors comme dedans, tout est adroitement aménagé afin de ne perdre aucune place, la bibliothèque est parfaitement ordonnée pour un accès facile, tout donne envie d'étudier. Mais le constat est cruel pour le pays : sans le matériel expédié par l'association, l'université serait vide.

« Aujourd'hui, les étudiants ont enfin un lieu d'étude digne de ce nom, et les professeurs des bureaux pour travailler », explique José Kagabo, notre partenaire au Rwanda. Et c'est avec lui que nous poursuivrons notre périple vers le village de Gahanga, dont il est originaire. Une école maternelle associative, le développement d'une agriculture potagère sur 8 hectares par deux associations de femmes, un marché permanent, l'installation d'une citerne avec pompe alimentée en énergie photovoltaïque, l'achat d'un moulin à graines et tubercules en vue de produire des farines pour l'ensemble du village, tel est le programme que nous verrons se réaliser ici au fil du temps. Mais le convoyage de milliers de livres durant un an, depuis Rouen jusqu'à Kibungo, constitue une odyssée qui, longtemps après sa fin, racontera l'engagement de Judith Winogradzki, une grande scientifique, attachée à la promotion de la culture et à la solidarité entre les peuples et qui nous portera.

En 2014, je m'envole avec le docteur Hassouneh pour une autre université. Celle de Miyagi, au Japon. Personne ne s'étonne de la présence du Secours populaire au Rwanda. Dès lors qu'il s'agit de l'un des pays les plus riches de la planète, je vois mes interlocuteurs devenir perplexes. Pourtant, trois ans plus tôt, malgré leur puissance économique, les Japonais ont eu besoin de l'entraide mondiale quand ils ont été frappés par le tsunami et la catastrophe nucléaire qui en a découlé. Cette fois, la brutalité des éléments se doublait de la négligence des industriels, puisque la compagnie d'électricité japonaise Tepco reconnaîtrait un an plus tard avoir minimisé les risques en cas de tsunami, de peur qu'on exige la fermeture de la centrale pour en améliorer la sécurité. Les Japonais, comme tous les autres peuples victimes de tels traumatismes, avaient besoin de soutien moral, de marques de fraternité venues d'ailleurs. Et comme les voies de la coopération associative sont impénétrables, c'est dans les Territoires occupés que le docteur Hassouneh et moi-même avions rencontré les membres de l'association nippone, JVC, avec lesquels nous étions partis évaluer, à l'époque, la situation des Bédouins à la sortie de Jérusalem. Nous avions, par ailleurs, échangé au Sri Lanka avec les délégués de la plateforme japonaise. Cette connaissance préalable de la vie associative nippone nous avait permis d'intervenir à leur demande là où l'aide tardait à se manifester. Il s'est révélé très vite que, au-delà de la réfection des infrastructures incombant à la puissance publique, nous pouvions contribuer à rendre l'espoir aux familles survivantes éloignées des dispositifs de secours.

Quand nous atterrissons trois ans après le drame, c'est pour l'inauguration d'une maison des pêcheurs, toujours les premiers touchés par les raz de marée, mais aussi pour un rendez-vous qui me semble d'emblée devoir faire date dans l'évolution du Secours populaire. Près de la zone dévastée par le tsunami, nos partenaires japonais ont voulu implanter un campus rénové du point de vue des structures comme de l'accès aux nouvelles technologies et des ambitions pédagogiques. À l'université de Miyagi, futurs infirmières et infirmiers, futurs cadres de l'industrie alimentaire, des sciences de l'environnement, chercheurs en sciences humaines, architectes, spécialistes de la communication et artistes auront aussi l'occasion d'apprendre et d'échanger en français grâce à un partenariat avec le Secours populaire et avec l'Alliance française, de sorte que les étudiants pourront s'ouvrir sur l'international, tout en disposant des meilleures technologies numériques actuelles. Dans ce sens, nous avons déjà organisé des échanges avec l'École des beaux-arts de Paris, avec la ville de Gravelines, bref, nous commençons à tracer discrètement les lignes d'un partenariat majeur entre les bénévoles et les jeunes de nos deux pays. Après le travail accompli en Asie ces dernières années, j'ai la conviction que les liens tissés au Japon me conduisent à renouveler ma perception de notre présence dans le monde. J'ai la volonté de créer des points d'appui et de convergence dans plusieurs lieux, à partir desquels la solidarité se déploierait. Le Japon est un pays riche, comme la France, et dont l'évolution repose aussi sur des contradictions. C'est un pays où la culture est ancienne et où la pauvreté se développe, comme dans le nôtre. C'est un pays où la suffisance alimentaire est essentielle, où le nucléaire est étroitement lié à la question de l'indépendance énergétique, et ces sujets nous sont communs. Alors, à l'université de Miyagi, je m'interroge sur le champ des possibles. Sommes-nous à la fin d'une mission d'urgence, au sens où nous l'entendons d'habitude ? Nous avons permis à la population soutenue de prendre un nouveau départ, nous terminons les inaugurations et chacun reprend le cours de sa vie de part et d'autre des océans. Ou sommes-nous à l'orée d'une approche différente ? Celle de la mondialisation de la solidarité qui permettrait aux uns et aux autres d'apprendre à se connaître et de réfléchir ensemble à ce qui nous est commun sur la planète, tant pour favoriser l'éducation populaire que pour la mise en mouvement de tous quand il faut affronter les catastrophes naturelles ou l'injustice sociale. Dès lors, il me paraît pertinent de reconnaître le Japon comme l'une des têtes de pont des partenariats avec le Secours populaire. Certes, nous avons répondu pragmatiquement aux demandes d'aides dans 80 pays au cours des dernières décennies. Mais, simultanément, nous avons commencé à construire des réseaux internationaux d'acteurs de la solidarité, essentiellement autour de la

Méditerranée, en Asie du Sud et du Sud-Est, en Europe, en retenant des critères de valeurs qui nous sont proches, toujours avec la volonté d'échanger pour réunir les expériences des uns et des autres en toute indépendance. Et pour construire ensemble une solidarité de notre temps.

24

Se mobiliser en urgence pour les Ukrainiens

Ce sont les enfants malmenés par la vie qui ont conduit le Secours populaire en Ukraine. Dès qu'il y a un embryon de conflit, quelle que soit sa nature, nous savons que les premiers à payer sont les gamins, qui vont très vite manquer de tout. Depuis 2014, nous soutenions des associations locales chargées des orphelinats. Les besoins exprimés portaient alors sur les questions alimentaires, sanitaires et scolaires. Par le couloir de solidarité que nous avions créé, réunissant des gens qui avaient la même préoccupation, le soutien aux enfants s'était développé progressivement dans cette partie du monde et avait pris une sorte de vitesse de croisière, au point que nous avions décidé qu'au mois de juillet 2022 un village « Copains du monde » ouvrirait ses portes à la frontière entre l'Ukraine, la Roumanie et la Moldavie. Nous avions le lieu, et les bénévoles susceptibles d'encadrer les vacances des jeunes. L'Histoire a bouleversé nos projets estivaux.

Aux premiers jours de mars 2022, la question des orphelins a resurgi en Ukraine, plus complexe et plus violente que jamais. Face aux bombardements, les portes des institutions ont été ouvertes pour que les enfants puissent s'échapper. Et c'est ce qu'ils ont fait. Des jeunes de tous âges se sont égaillés dans la nature, seuls, à la recherche d'un abri. Se cachant dans la forêt, marchant au bord des routes, parvenant sans papiers, épuisés, aux points de passage des frontières polonaises et moldaves. Pour eux, le Secours populaire a décidé d'un soutien prioritaire.

Nous avions établi des ponts de solidarité pour la lutte contre la pauvreté avec l'Ukraine en 2014, sans la moindre idée du drame à venir, bien évidemment. Mais les faits sont là, les relations avec les associations ukrainiennes, telle que Four-Leaf Clover, étaient construites et chaleureuses ; quand les premières bombes sont tombées, nous étions prêts à nous mobiliser. Et comme le futur village de vacances attendait ses hôtes, il a été utilisé à de nouvelles fins : accueillir les Ukrainiens en fuite.

Quinze jours après le début des affrontements, deux délégations du Secours populaire se rendent sur le terrain pour écouter leurs partenaires, évaluer les besoins et en chiffrer le coût, ce qui permettra de flécher les dons d'argent. L'urgence va désormais aux millions de déplacés ukrainiens, à l'aide que nous pouvons leur apporter tout au long de leur périple, que ce soit aux frontières polonaises, moldaves et roumaines, en France, mais aussi sur leur propre territoire.

À la frontière polonaise, le PKPS (Polski Komitet Pomocy Spolecznej – Comité polonais d'aide sociale) n'a plus une minute de répit. Le soir, après le travail, ses bénévoles apportent des produits de première nécessité à des milliers de familles ukrainiennes, proposent un hébergement, offrent des boissons chaudes et des sandwichs aux populations en transit dans les gares. Les hommes entre 18 et 60 ans ayant été réquisitionnés pour l'effort de guerre, les déplacés ukrainiens sont en grande majorité des femmes, des enfants et des personnes âgées. Le PKPS nous dit : « Il nous faut des machines à laver le linge industrielles, des sécheuses et des wagons avec des batteries de douches. Pour ces réfugiés qui ont marché deux à cinq jours sans la moindre hygiène, c'est essentiel. » La plupart d'entre eux ont préparé leurs effets en trente minutes à peine, sous les bombardements, ils sont partis sans un vêtement de rechange. Ils doivent laver leurs effets et les sécher, prendre une douche avant d'aller plus loin, là où ils seront hébergés dans des conditions plus pérennes. Mais ils doivent le faire vite ! En effet, face à l'afflux de population, il n'y a qu'une solution, dégager les routes à tout prix pour les véhicules suivants. Au poste-frontière, il faut absolument que les gens passent. Or le problème de l'hygiène ne peut être négligé, les familles veulent bien repartir rapidement mais propres.

Le financement des laveries de fortune est entendu. Le Secours populaire cherche sur-le-champ des fabricants fiables. Est-ce que ces entreprises ont des partenaires dans les pays concernés? Nous devons penser à la lessive, aux produits pour nettoyer les sols, aux produits d'hygiène et chercher les espaces où installer les machines. L'association voudrait aussi nous voir financer des lits de camp car la toile, contrairement aux matelas, peut être lavée en machine et propre pour chaque nouvel occupant. Toutes ces discussions sont très prosaïques et c'est ce qui nous rapproche de nos partenaires dans le monde entier. Nos amis du PKPS poursuivent : « On va utiliser ces machines pour cette situation qui est quand même très inattendue. Mais, une fois la paix revenue, les équipements seront mis à disposition de structures sociales pour les enfants. Elles ne repartiront pas dans un circuit marchand. » C'est exactement ce que désire le Secours populaire. Une solidarité adossée au bon sens !

Pour autant le bon sens n'est pas la vertu la mieux partagée, surtout quand l'émotion s'en mêle. Comme souvent, la voix des associations locales, relayée par les acteurs de la solidarité d'autres pays, n'est pas écoutée. Gardez-vous de nous envoyer des médicaments, disent nos amis ukrainiens, des produits parfois périmés, avec des notices dans des langues étrangères. Plus poliment que je ne le fais, ils nous rappellent qu'ils ne sont pas la poubelle du monde, que leur pays développé a ses propres laboratoires pharmaceutiques. C'est une perte de temps inimaginable de trier des caisses de médicaments expédiées de tous les coins de la planète. Et il en va de même avec le matériel électrique divers qui arrive sans mode d'emploi ou avec une fiche de branchement inadaptée. Que faire sinon jeter le chauffe-biberon et le radiateur d'appoint inutilisables ? À moins d'embarquer des électriciens avec les colis ! Idem concernant l'envoi massif de cartes SIM européennes, c'est oublier que l'Ukraine n'est pas dans l'Union et que pour correspondre avec leurs proches, réfugiés en France ou ailleurs, les Ukrainiens doivent se procurer des cartes de téléphone internationales beaucoup plus onéreuses.

Remplir son véhicule de tout ce qui tombe sous la main et faire vingt-trois heures de route à bride abattue pour atteindre la Pologne, c'est méritant, peut-être exaltant, mais, à l'arrivée, la cargaison se transforme en tonnes d'encombrants sur le bord des routes. Début mars 2022, le climat s'adoucissait en France, alors certains chauffeurs ont utilisé des remorques à peine bâchées pour le transport des vivres. Mais à l'Est, il neigeait, et, à l'arrivée, ils ont trouvé un tas de boue. Dans l'Hexagone, les mairies ont ouvert leurs locaux pour ramasser des produits, se fiant à l'habitude, et ils ont pris contact avec les associations susceptibles d'en assurer le transport. Paquets de pâtes, sucre, confiture, lait en poudre, tout y était. Notre association ne pouvait prendre en charge ces collectes qui ne correspondaient pas aux demandes de nos partenaires. « Les Ukrainiens ont besoin d'argent pour se procurer de la nourriture, certes, mais ils veulent des produits familiers, achetés sur place. En revanche, s'il y a des produits qui peuvent entrer dans nos braderies, dans nos dispositifs de service aux populations démunies, et qu'ils génèrent des ressources, nous pourrons consacrer celles-ci au programme Ukraine. » C'est quand même une usine à gaz et ça nous complique sacrément l'existence, ce genre de pirouettes. On a répété : « S'il vous plaît, arrêtez, arrêtez. » En vain. Les gens préfèrent donner des aliments plutôt que de l'argent, et ce n'est pas une question de coût. En composant leur panier de produits de survie, ils se sentent plus proches des victimes. Ils s'imaginent à leur place, en pleine guerre. « Si c'était moi ? Mes enfants ? Nous aurions besoin de quoi ? » se demandent-ils, débordant d'empathie mais négligeant les données objectives.

Comme chaque fois, nous avons consulté nos partenaires en Pologne, en Moldavie, en Ukraine et ils ont demandé unanimement des moyens financiers pour acheter le nécessaire, en adéquation avec une situation spécifique et dans le souci de ne pas désorganiser complètement le circuit économique des pays d'accueil.

Heureusement, nous avons aussi reçu des dons d'argent importants. Et je n'ai pas eu besoin de bilans comptables pour en évaluer l'ampleur. En effet, j'ajoute un message manuscrit de remerciement sur tous les reçus à partir de 500 euros, et lors des trois premières semaines de guerre, j'en ai rédigé plus de 500 !

Cinq semaines après le début de la guerre, plusieurs millions de personnes sont déplacées à l'intérieur et à l'extérieur du pays. En France, le ministère du Logement, en lien avec le ministère de l'Intérieur, cherche des lieux vastes et susceptibles d'héberger les familles. Un appel est lancé en direction des responsables du logement social et privé, on utilisera aussi les centres de vacances du circuit solidaire, et on fait appel aux logements citoyens. Lors d'une réunion avec les acteurs de la solidarité, l'équipe d'Emmanuelle Wargon, ministre chargée du Logement, nous fait part de difficultés. Il y a des logements dans les zones d'habitat non tendues mais les personnes concernées redoutent d'être isolées dans des villages où il sera impossible de trouver un emploi. Elles veulent rester à Paris, à Lyon ou à Nice. Et on les comprend. À peine débarqués gare de l'Est, au beau milieu de la Ville lumière, les familles ukrainiennes voient des hommes et des femmes qui mendient dans un état de dénuement total. Elles prennent peur. Et si c'était là le sort qui les attendait ? Elles imaginent une situation plus misérable encore hors de la capitale. Alors elles ne pensent qu'à une chose, se fondre dans une grande ville et y trouver un boulot le plus vite possible.

Il faut se représenter ce qu'elles viennent d'endurer pour comprendre le mélange d'effroi et d'énergie du désespoir qui anime ces familles, venues de surcroît d'un pays où le système d'aide social propre à la France n'existe pas, où l'on vit selon des dispositifs de solidarité très différents des nôtres. Sur la route, Oksana et sa fille s'étonnent de voir des riverains ou des ONG plantés aux abords des douanes, elles-mêmes cernées par les embouteillages, pour leur proposer à boire et à manger. De l'autre côté de la frontière, les deux femmes dorment dans un gymnase aménagé, puis sur le site d'une usine automobile à Varsovie. À Dresde, une Allemande et une Française les hébergent les jours suivants. Puis elles trouvent un car jusqu'à Strasbourg. Là, un couple de bénévoles du Secours populaire les accueille, tandis qu'une autre bénévole d'une association ukrainienne assure la traduction de leurs échanges par téléphone. Et elles ne sont pas encore au bout de leur route qui les mènera dans le Périgord.

Après de telles épreuves, les déplacées arrivent parfois pliées en deux par des douleurs au dos et au ventre mais elles ne veulent pas consulter, affolées à l'idée de devoir régler une note astronomique. Guidées par une bénévole, Oksana et sa fille se rendent à la préfecture où elles reçoivent une attestation de demande d'asile et un numéro de Sécurité sociale qui leur permettra d'être soignées gratuitement. Puis le petit groupe se dirige aussitôt vers une agence d'intérim, un travail les autorisera à déposer une demande de logement social. Leur indemnité de demandeuses d'asile est inférieure au RSA et insuffisante pour obtenir un HLM.

Une fois les réfugiées logées, même provisoirement, les amis du Secours populaire se démènent pour apporter meubles, literie et vaisselle qui rendront le séjour vivable. Enfin, il faut penser à l'école. Vêtements, jouets et fournitures scolaires sont choisis par les familles dans nos structures d'accueil. Les rectorats ont donné des directives pour que les enfants ukrainiens soient inscrits facilement, aussi bien dans les établissements publics que dans le privé. Les plus jeunes pleurent à l'idée d'être séparés de leur mère, de ne pas avoir de copains. Mais les chefs d'établissement se décarcassent pour créer un élan de solidarité entre enfants, aidés une fois encore par des traducteurs bénévoles.

Nos objectifs sont clairs, nos méthodes rodées, les bénévoles à pied d'œuvre. Mais dès le début de la guerre, les associations tiennent le même discours à la ministre du Logement : « Il ne s'agit pas de mettre en difficulté la population démunie hébergée par le parc d'habitat social en lui faisant vider les lieux pour y mettre les nouveaux arrivants. » Déjà, nous avons été alertés en la matière. Un problème chasse l'autre. Les associations sont conscientes qu'il n'y a pas de solution miracle face à cette situation tragique, elles ont entendu la position de la France face à cette guerre et compris son désir d'assumer ses responsabilités vis-à-vis des Ukrainiens, elles sont toutes pleinement d'accord ;

pour autant, nous ne pouvons créer des sans-abri au profit d'autres sans-abri. Ce serait absurde. Nous alertons aussi sur le risque de conflit entre les populations les plus fragilisées, sur le risque de voir les employeurs se ruer sur cet afflux de travailleurs qualifiés et en profiter pour baisser les salaires.

Chaque mercredi, les secrétaires généraux des fédérations du Secours populaire se réunissent en visioconférence afin de coordonner l'activité générale de notre association, à laquelle s'ajoute l'évaluation des risques et des moyens pour en préserver les familles venues d'Ukraine. Et de manière tout aussi volontariste, nous envoyons des messages par toutes les voies possibles afin que la population de notre pays ait plus envie de se bouger que de rentrer dans sa coquille par peur du spectre d'une troisième guerre mondiale ou dans l'attente d'une solution tombée du ciel. Cette fois encore, nous avons de vrais doutes quant aux miracles et une foi inébranlable dans l'idée du bien commun.

25

Manger à sa faim en France

En France, tout le monde pourrait manger à sa faim et avoir un toit décent sur la tête. Notre pays en a largement les moyens, il faut le dire et le redire. Pourquoi en est-il autrement? Pourquoi cette histoire n'est-elle pas réglée une bonne fois pour toutes? Les gouvernements se succèdent, ils entendent les associations sur le sujet, avec plus ou moins d'ouverture d'esprit certes, mais aucun d'entre eux n'a jamais exprimé une farouche opposition à l'idée de sortir du gouffre les millions de Français vivant sous le seuil de pauvreté. Pourtant, pas un ne passe à l'acte. Est-ce qu'ils se posent même la question de passer à l'acte? Est-ce que les mécanismes de fonctionnement sont inadaptés? Est-ce que le décalage est trop grand entre les hommes au pouvoir et les gens capables de mettre en œuvre les conditions matérielles d'une autre réalité? Difficile de cerner le problème, contrairement à celui de la pauvreté qui, lui, est très clair.

Chaque année apporte son lot de constats effarés, de mises en garde. Prenons trois dates à titre d'exemples. En 1985, Coluche veut l'avis de Julien Lauprêtre, il envisage de créer une association pour que les gens prennent conscience qu'«on crève de faim dans notre pays». «Tu as raison et je t'aiderai», répond Julien. Coluche meurt avant de mettre sur pied Les Restos du cœur mais Véronique Colucci et d'autres assurent le relais. Est-ce qu'on note un changement dans les années qui suivent ce cri d'alerte? En mars 2013, Bob Wancier des Restos du cœur, Maurice Lony des Banques alimentaires, Didier Piard de la Croix-Rouge française et Julien Lauprêtre du Secours populaire déclarent d'une seule voix à la une de *L'Humanité Dimanche* : «La France a faim!» Les quatre associations françaises, agréées au niveau européen pour recevoir les denrées alimentaires, partent en guerre contre le cliché lénifiant selon lequel on ne mourrait pas de faim dans notre pays. En 2011 et 2012, elles ont constaté une augmentation de 8 à 10 % des bénéficiaires de l'aide alimentaire. Et dans le même temps, elles doivent affronter un recul des chefs d'État européens qui veulent remplacer «le programme spécifiquement réservé aux plus démunis par un dispositif fourre-tout, aux contours flous», et surtout allouer un montant très insuffisant «pour couvrir les besoins de la population», affirment les quatre responsables aux journalistes de *L'Humanité*[1]. Julien Lauprêtre explique : « Nous avons obtenu la prolongation de l'aide européenne. Mais on ne peut s'en satisfaire. C'est une question de vie ou de mort pour nos concitoyens. » Et, s'appuyant sur l'expérience de ces associations, il ajoute que les gens « ne viennent pas pour améliorer leur repas, mais parce qu'ils n'ont rien à manger ». Bob Wancier rappelle que « tous les chefs d'État européens se sont engagés à réduire d'un quart le nombre de personnes sous le seuil de pauvreté d'ici 2020 ». On en est loin. En 2018, Anne Brunner, directrice d'études à l'Observatoire de la pauvreté, résume la situation[2] comme un « retournement historique ». Hélas, pas dans le bon sens. « Depuis dix ans, le nombre de personnes qui vivent sous le seuil de pauvreté en France augmente. [...] En considérant une définition restrictive, c'est-à-dire le seuil de pauvreté situé à la moitié du revenu médian (855 euros par mois), le nombre de personnes pauvres a augmenté de 600 000 en dix ans, de 4,4 millions à 5 millions. Au cours de la même période, le taux de pauvreté est passé de 7,3 % à 8 % de l'ensemble de la population. [...] Si l'on se réfère, poursuit-elle, au seuil de pauvreté à 60 % du niveau de vie médian (1 026 euros par mois) – seuil le plus souvent utilisé dans le débat public –, alors, c'est avec

1. Anne-Laure de Laval et Pia de Quatrebarbes, *L'Humanité Dimanche*, 21 mars 2013.

2. *Rapport sur la pauvreté en France* de l'Observatoire des inégalités, octobre 2018.

près de 9 millions de personnes pauvres qu'il faut compter en France. Ce chiffre a augmenté de 820 000 au cours des dix dernières années. »

Par définition, plus proches des citoyens que les institutions étatiques ou européennes, les municipalités se démènent, loin de démissionner dans leur ensemble. Les collectivités territoriales se révèlent même des interlocuteurs constants sur les questions de pauvreté. Tous les acteurs de la solidarité partagent néanmoins les mêmes doutes : sommes-nous vraiment écoutés ? Outre les lourdes contraintes administratives et la paperasse, dématérialisée ou non, qui dévore le temps associatif, il faut se représenter le nombre de structures de contrôle mises en place pour arrêter les supposés fraudeurs à l'aide publique. C'est une entrave constante à notre travail. Le contrôle du contrôleur du contrôleur, ça ressemble à une mauvaise plaisanterie, mais c'est la réalité et le meilleur moyen pour créer des courts-circuits dans le système des prestations sociales et une augmentation du nombre de Français en grandes difficultés. Imaginez que vous recevez une aide de 300 euros par trimestre quelle qu'elle soit, parce que vous remplissez les conditions, et pour le prouver, vous avez passé plusieurs jours à réunir les pièces du dossier, puis plusieurs semaines à attendre le verdict de l'administration concernée. Un ami ou un parent qui vous sait dans une situation inextricable vous fait cadeau de 80 euros. « Ce sera pour tes enfants», vous dit-il. Votre proche vous fait un virement, il habite loin, c'est plus sûr, plus pratique que des espèces. Aussitôt vous perdez votre prestation. Il vous faut accuser le coup du mail vous apprenant la suspension de votre aide. Faire le lien de cause à effet entre le cadeau et la privation de vos droits. Justifier la provenance des 80 euros. Au bout de trois mois de galère, si tout va bien, le dispositif sera rétabli. Pendant ces trois mois, vous vous nourrissez comment ? Est-ce que quelqu'un a pensé, par ailleurs, à calculer le coût de cette batterie de contrôleurs ? L'argument de la lutte contre la fraude était recevable avant le prélèvement à la source, avant que toute la population soit numériquement identifiée. Mais aujourd'hui ?

Il y a toujours eu des pauvres. Il y a toujours eu des gens pour les aider. Mais notre pays a maintenant les moyens financiers et logistiques pour restaurer la dignité de tous les individus en leur reconnaissant trois besoins vitaux : nutrition, logement, éducation. Or, c'est tout le contraire qui se produit. Aujourd'hui encore, il faut six générations pour qu'une lignée sorte de la pauvreté. Quand on ne part jamais en vacances, on risque de voir ses arrière-petits-enfants subir le même sort ; quand on a faim, aucune chance d'imaginer sa fille préparant le concours de Sciences Po. *Quid* du fameux mérite républicain ? Un slogan, régulièrement sorti du placard pour désigner, en réalité, les rares individus stimulés par tous les obstacles dressés sur leur route ou les plus chanceux. Rien de massif, ni de modélisable, bref, rien de pertinent.

Comment éradiquer la faim en France? La mise en mouvement de chaque citoyen est, à l'évidence, le moyen le plus efficace de lutter contre la pauvreté. La puissance publique affirme qu'elle fait ce qu'elle peut, et ce n'est pas convaincant. Raison de plus pour agir autrement. Se soustraire à la solidarité en prétextant que c'est à l'État de faire son boulot, l'éternel «C'est pas moi, c'est l'autre» est aussi stérile que déprimant. Il faut en revenir à l'essentiel, à une vision simple, maîtrisée du bien commun. Il faut commencer sur les bancs de l'école, rappeler les «jours heureux» auxquels aspirait le Conseil national de la Résistance, préserver l'enseignement de l'Histoire chronologique, se défier des hiérarchisations stratégiques et douteuses dans le récit national, lesquelles entraînent les amalgames et les révisionnismes en tout genre. Toutes choses qui empêchent d'appréhender le monde dans son évolution, toutes choses qui donnent le sentiment d'être en permanence dépassé par les catastrophes, les pénuries, les attitudes répressives, les atteintes à la liberté, les injustices sociales, toutes choses qui interdisent de se poser les bonnes questions. Actuellement, la population vit des deux côtés d'une ligne de partage nettement dessinée. D'un côté, une population de plus en plus réactive aux appels au don, capable de se mobiliser pour plusieurs causes, et plusieurs fois par an; de l'autre, une population qui fait fi de la devise républicaine, comptable de ce qu'elle juge être ses droits, de plus en plus repliée sur son quant-à-soi, inconsciente que c'est sur cet individualisme que prospèrent sans jamais se rencontrer pauvreté et consumérisme.

La proximité est un élément facilitateur de la solidarité. Elle s'exerce alors de manière ciblée et naturelle. Au Secours populaire, les étudiants bénévoles chargés des activités périscolaires ou du soutien aux devoirs ne manquent jamais de demander au gamin à leur charge s'il a bien eu son goûter. Mais la question du respect de l'individu est sans nul doute la plus sensible dès lors qu'on touche à l'alimentation. Ne pas pouvoir nourrir ses enfants, dépendre des autres pour ce simple acte de survie, c'est à peine imaginable pour qui ne l'a pas enduré. Il ne s'agit plus de refuser des sneakers de marque à ses gosses. Il s'agit de les regarder se poser la question de ce qu'il y aura dans leur assiette le soir ! Il s'agit d'enfants et de parents torturés par la culpabilité : «Je ne suis même pas capable de nourrir mes enfants», «Si je n'existais pas, ma mère aurait moins de problèmes». Il s'agit de gamins qui disent à leurs aînés «Je n'ai plus faim» pour ne pas être servis à leur détriment. Alors nous essayons de préserver la dignité des demandeurs selon deux axes : le choix des aliments et la participation symbolique. Dans nos libres-services de la solidarité, la gamme de produits est loin d'être infinie, mais tout un chacun a le sentiment de faire ses courses et non de faire la quête. Les gains sont immédiatement réinjectés dans le circuit solidaire. Les produits proviennent de collectes auprès des grandes surfaces, de clients lors d'opérations « Caddie » et du Fonds européen d'aide aux plus démunis. Mais partout les bénévoles imaginent des scénarios adaptés à la population locale. Le Secours populaire des Bouches-du-Rhône et l'association des Paniers marseillais ont conçu l'opération « Adopte un panier », autrement dit la vente d'une caisse de produits bio aux plus démunis à 3 euros, et une compensation de 12 euros versée par l'association aux producteurs locaux. Une opportunité pour ces derniers et une aide salutaire pour les 34 familles des quartiers nord qui ont découvert des légumes à cette occasion. À Angers, en 2019, des ateliers culinaires installés à la chambre des métiers ont permis à des enfants de découvrir, cette fois, la boulangerie. Ce sont de jeunes apprentis qui les ont guidés dans la préparation du pain et qui, dans un second élan de générosité, ont fabriqué des œufs en chocolat pour les enfants accueillis et les bénévoles qui les accompagnaient.

Les hommes de pouvoir ont pour habitude de dire aux associations de lutte contre la pauvreté : « Vous devriez vous regrouper, ce serait plus efficace si nous avions un seul interlocuteur. » Ce serait surtout plus efficace pour nous canaliser. Pour gommer les nuances et tomber dans un traitement univoque et massif, en oubliant les individus. À l'inverse, dans nos chaînes d'entraide multiples, chacun est traité dans son altérité, invité à se battre pour une vie meilleure, pas à détourner le regard pour les uns ni à tendre la joue gauche pour les autres. Car il faut l'admettre : quand on a faim aujourd'hui en France, ce n'est pas une punition tombée du ciel, ce n'est pas une question de mérite personnel, c'est une violente agression du système.

26

Avoir un toit sur la tête

Face aux locataires expulsés ou mal logés, le Secours populaire pratique du soutien individuel, du cas par cas. Ce sont les comités locaux qui se chargent le plus souvent de ce genre de problèmes, éventuellement épaulés par la fédération s'ils le souhaitent. Avant toute chose, l'ami chargé du dossier regarde si l'expulsion peut être évitée par un recours pacifique, un courrier circonstancié au logeur, par exemple. Puis il examine la situation en détail. Quelle est la hauteur de la dette? Qui est le propriétaire, l'office HLM ou un privé? Le bénévole peut prendre contact avec l'office HLM, demander à un avocat de l'association d'intervenir auprès du propriétaire pour négocier un moratoire, ou faire appel aux associations de locataires. Est-ce qu'il y a plusieurs personnes expulsées par le même propriétaire? Si des situations analogues se présentent, il essaiera d'identifier le loup. Quand le créancier sait qu'il a le Secours populaire face à lui, en général, il réfléchit à deux fois avant de faire mettre les affaires de ses locataires sur le trottoir. Il arrive que l'association soit prévenue trop tard et que les familles soient déjà à la rue. C'est moins fréquent que par le passé. Pendant les confinements successifs, il n'y a pas eu d'expulsions, grâce à des mesures gouvernementales. Mais elles sont provisoires, et à la fin de la pandémie, les propriétaires risquent de mettre les bouchées doubles et d'activer les dossiers des «mauvais payeurs». Pour les locataires déjà expulsés, certaines fédérations du Secours populaire ont conclu des accords avec l'office HLM afin de bénéficier de quelques studios où abriter provisoirement des personnes en attente d'un logement.

Dans aucun cas ou presque, notre association ne peut régler directement le retard de paiement d'un locataire dans la gêne. Ce qui reviendrait à verser directement l'argent d'une collecte dans la poche d'un propriétaire[1]. Nous ne vérifions pas davantage si la personne qui nous sollicite remplit des critères justifiant notre aide. Nous ne sommes

1. C'est précisément ce qu'a fait Raymond Barre en faisant passer l'aide à la pierre au second plan – feignant de croire que bientôt tous les Français seraient propriétaires – et en ne renouvelant pas la loi de 1948 qui garantissait des loyers bas, surtout dans la capitale. En lui préférant l'aide personnalisée au logement en 1977, le chef du gouvernement de Giscard a ainsi accordé un royal coup de pouce aux propriétaires et financé indirectement des loyers exorbitants. Plus tard, ironie du sort, on verrait les héritiers de Raymond Barre en conflit avec le fisc pour des histoires de comptes en Suisse, et je m'interrogerais sur la capacité de certains hommes de pouvoir à donner des leçons au peuple pour mieux masquer leurs petits arrangements avec la morale.

pas des travailleurs sociaux, nous partons du principe que toute personne qui pousse la porte du Secours populaire a besoin de soutien. Ne nous méprenons pas néanmoins, le bénévole du Secours populaire n'a pas de logements à proposer et il ne peut se sentir responsable de l'état du monde, mais tout ce qu'il est en mesure de faire, tout ce qu'il peut mobiliser de ressources, tant sur le plan financier qu'intellectuel ou moral, il le mobilise.

Pendant des années, de nombreuses associations, dont le Secours populaire, ont multiplié les micro-interventions sur tout le territoire pour empêcher les coupures d'eau, de gaz et d'électricité en cas de factures impayées. Ce travail collectif de longue haleine a entraîné un changement des textes. En 2013, la loi Brottes a interdit les coupures d'eau, et ce tout au long de l'année. Les coupures de gaz et d'électricité, elles, n'ont été interdites que pendant la trêve hivernale. Les fournisseurs ont alors eu l'idée d'installer, hors période de trêve, des lampes à basse consommation qui éclairaient à peine les usagers « défaillants » et d'imposer des restrictions rendant impossible d'avoir simultanément la machine à laver le linge et le frigidaire en état de marche. Les acteurs de la solidarité étaient outrés. Nous avons négocié et obtenu une aide sous la forme de chèques énergie.

Ces questions de logement et d'énergie exigent d'autant plus de vigilance qu'elles ont des répercussions immédiates sur les restrictions alimentaires des plus démunis. Toutes les études convergent : les personnes endettées commencent par freiner leurs dépenses alimentaires, supprimant des produits ou des repas, avec l'espoir de régler les factures d'électricité, d'eau, les loyers et les emprunts à la banque, qui, sous la pression des créanciers, leur semblent passer avant leur survie.

27

Soutenir la jeunesse

Ce jour-là, une nuée d'enfants endimanchés balaient avec soin la cour d'un bâtiment flambant neuf. Il y a des filles et des garçons, de 6 à 12 ans, joyeux et solennels, infiniment respectueux de l'espace qui les accueille. La scène se passe à plus de 1 500 mètres d'altitude, à Mahalaxmi. Depuis quatre ans, et le tremblement de terre qui a secoué Katmandou, c'est la première rentrée scolaire de ces élèves. Au Népal, l'école n'est pas obligatoire. Elle en a d'autant plus de responsabilités. Enseigner, bien sûr, mais aussi protéger les enfants des patrons qui les font travailler dès l'âge de 4 ans – un petit Népalais sur trois –, et nourrir, puisque l'école garantit un repas par jour.

Dans n'importe quel pays du monde, Philippines dévastées par un typhon, Iran en proie à la pauvreté, Kosovo en guerre, quelle que soit l'époque, la culture, la religion, ou la nature de la catastrophe, la première demande de nos partenaires associatifs, c'est la remise sur pied des établissements scolaires. La vie reprend quand les gamins vont à l'école sous un abri de fortune, une tente, ou même à l'air libre. L'éducation et la transmission, c'est consubstantiel à l'être humain. Même en prison et dans les camps, l'individu cherche à recréer les conditions de l'apprentissage dès qu'il le peut. Si nous participons à des projets d'école de l'Altiplano en Bolivie, c'est parce que le Secours populaire a pour habitude de s'occuper des populations délaissées, celles qui sont les moins visibles, les moins médiatisées, ce qui n'a rien d'étrange si l'on conçoit que ce sont les associations locales qui prennent contact avec nous. Ce sont elles qui nous trouvent, pas l'inverse.

En une cinquantaine d'années, sur tous les continents, 400 écoles ont été réhabilitées ou reconstruites, équipées en fournitures scolaires, matériel informatique, en circuit d'eau potable, grâce aux donateurs du Secours populaire.

En France, actuellement, les problèmes sont d'une autre nature, incomparablement moins aigus, évidemment. Notre pays bénéficie d'un équipement éducatif qui fait rêver quoi qu'on en dise. Mais la pauvreté, où qu'elle soit, est un frein à l'acquisition de nouvelles connaissances. Depuis vingt ans, le Secours populaire est reconnu « association éducative complémentaire de l'enseignement public », ce qui permet aux comités d'entretenir des relations constantes avec les associations de parents d'élèves et d'innover en permanence au gré des situations qui se présentent dans leur périmètre.

Outre l'aide aux devoirs, le suivi des élèves passe surtout par les activités périscolaires. Une partie des dispositifs en direction de la jeunesse ont été malmenés dès la présidence de François Mitterrand : les patronages, les colonies, les actions éducatives du corps enseignant se sont réduits comme peau de chagrin, faute d'une politique affirmée dans ce sens. Pourtant la destruction du tissu social est un risque pour la gouvernance et les élus le mesurent à chaque émeute dans les quartiers. Alors l'association finance les licences sportives ou les tenues d'un club. Elle sollicite musées, théâtres et cinémas pour récolter des places gratuites. Elle organise des visites du château de Versailles, de la tour Eiffel, des balades en bateau-mouche pour les jeunes persuadés d'être des intrus dans les lieux historiques ou dans leur capitale et qui ne franchissent jamais le périphérique.

La culture, l'autodidacte Julien Lauprêtre y tenait. Il savait combien elle affermit la place de chacun dans la société, combien elle ouvre de perspectives. Mais quand les jeunes encaissent les problèmes de leurs parents sans mot dire, quand ils se sentent confrontés au vide, rien ne vaut la relation individuelle. Les bénévoles sont aussi là pour les stimuler, les interroger : « Tu veux faire quoi ? Tu veux t'engager comment ? » Avec le bénévole, il suffit de peu de chose pour allumer la mèche. Il est tout le temps en veille, guidé par des réflexes qui le poussent à prendre en main les situations douloureuses. Le commentaire d'un adolescent lors d'une sortie ou la vision d'un gamin souffreteux suffisent à attirer son attention.

Le bouche-à-oreille tourne aussi à plein régime. En 2018, un ami nous alerte à propos d'une vidéo diffusée sur les réseaux sociaux. C'est un policier qui en est l'auteur, elle montre des dizaines de lycéens de Mantes-la-Jolie, à genoux, face contre un mur, mains entravées dans le dos, avec pour commentaire : « Voilà une classe qui se tient sage. » Aussitôt, la fédération des Yvelines prend contact avec les parents des jeunes pour les assurer de son soutien et les aider à dédramatiser la situation. J'écris au ministère de l'Intérieur dans la foulée pour faire part de l'indignation du Secours populaire. Geneviève de Gaulle-Anthonioz, éternelle militante de la lutte contre la pauvreté, disait : « Lutter contre l'humiliation, croire que l'homme a une valeur, c'est ce qui nous sépare de la préhistoire. » L'association aussi s'élève contre toutes les formes d'humiliation. Et j'en fais un combat personnel. Pourtant, je n'ai pas le souvenir d'avoir jamais éprouvé un tel sentiment dans mon enfance. Sans doute parce que mes parents m'ont appris à me défendre avec les poings et les mots, et à réfléchir à mes sottises sans exiger que je leur demande pardon. Mais l'humiliation infligée aux autres, je la ressens avec une grande violence. Nombre de nos dirigeants et de nos bénévoles, qui ont vécu des situations terribles de pauvreté et d'exclusion, qui se sont sentis les vilains petits canards du système, ont cette même intolérance à l'avilissement d'autrui. Et puis rabaisser des jeunes déjà malmenés par la vie, c'est irresponsable, c'est semer le mépris et la haine de soi. Et c'est le moyen le plus efficace pour les convaincre qu'ils ne méritent pas mieux que d'être menés à la baguette par des despotes ou des illuminés.

Si les jeunes en situation difficile continuent d'inspirer plus de crainte ou de suspicion que de compréhension chez leurs aînés, nous allons dans le mur. Dans les foyers d'accueil d'urgence pour adultes, 25 % des demandeurs viennent de l'Aide sociale à l'enfance. Et c'est le même pourcentage pour les errants. Ce qui veut dire que des gamins, placés en foyer à 3 ans, retombent pour une bonne part dans le système de l'accueil d'urgence à leur majorité. De tels chiffres en matière de protection de l'enfance autorisent à se questionner. Si ces résultats sont assez insultants pour les travailleurs qui y consacrent une partie de leurs impôts, ils sont tragiques pour les jeunes. L'approche partagée par nombre d'associations, dont ATD Quart Monde, se résume en une phrase : plus les jeunes sont vulnérables, plus l'accompagnement est nécessaire. SOS Villages d'enfants, qui examine à la loupe les textes de loi, parle de résultats « en demi-teinte » dans son rapport annuel de 2021. Ses dirigeants poursuivent à l'intention du Parlement : « Les jeunes majeurs doivent être accompagnés jusqu'à leur inclusion pleine et entière dans la société. Nous plaidons pour qu'un projet d'accompagnement vers l'âge adulte soit proposé à chaque jeune jusqu'à son autonomie. Par exemple, un jeune qui atteint l'âge de 18 ans ne devrait pas être livré à lui-même sans avoir terminé ses études, passé son permis ou encore avoir une solution de logement pérenne. Pour tout cela le jeune a besoin de temps et de quelqu'un sur qui compter. »

Parallèlement, la revalorisation des travailleurs sociaux semble indispensable si l'on veut arriver à des bilans plus convaincants. Ces métiers de vocation ne peuvent se suffire du minimum, ni pour les formations, ni en matière salariale, ni en termes de surcharge de dossiers. Quand je travaillais pour les collectivités territoriales, il m'est arrivé d'entendre des assertions qui dénotaient une fracture inquiétante entre certains agents publics de la Protection de l'enfance et les familles : « Heureusement qu'on est là pour pallier les carences des parents » ou : « Ces enfants n'ont vraiment pas de chance d'être tombés dans une famille pareille, qu'est-ce qu'ils deviendraient sans nous. » Ce genre de phrases me mettait très mal à l'aise parce qu'elles disaient, certes, un mépris de classe à peine voilé, mais elles traduisaient surtout une forme de peur de l'individu en souffrance et le besoin de se forger des certitudes étroites afin de se rassurer sur son propre sort.

Pour les adolescents en rupture de ban, pour les décrocheurs scolaires, pour les jeunes qui ont perdu tout espoir de trouver un métier à la hauteur de leurs ambitions, le Secours populaire veut être une force de proposition. Nous sommes face à la désindustrialisation de notre pays, c'est un fait. Nous pouvons continuer à nous lamenter, à nous répandre de la cendre sur la tête, à comptabiliser les échecs du système, ou bien nous demander par quel bout attraper le biniou. Actuellement, au moment où fleurit le concept de « réagriculturisation » du territoire français dans les médias, nous avançons sur un projet d'envergure avec Christiane Lambert, présidente de la FNSEA : ouvrir un chemin pour que des jeunes des quartiers entrent dans les filières agricoles.

L'idée nous est venue de fil en aiguille. Tout commence début 2019, quand les 7500 médecins de l'association insistent sur les dégâts sanitaires de la malbouffe pour les plus précaires. Nous décidons de solliciter la solidarité en début de circuit : à Rungis. Au cours d'un échange, le président des lieux, Stéphane Layani, nous dit : « On a des structures de formation et on peine à les remplir. Il y a pourtant de nombreux emplois à fournir à la clé. » Sa remarque m'ouvre des horizons : d'un côté, nous avons des jeunes qui se sentent hors jeu, de l'autre, une filière qui manque de bras. Nous prenons date pour en reparler, Stéphane Layani et moi.

Puis, au cours du confinement lié au Covid, la relation se renforce avec les marchés d'intérêt national. Dans le Puy-de-Dôme, la fédération met en place un dispositif de marchés populaires solidaires, en lien avec des marchés de gros. Des agriculteurs y vendent des produits à des prix compatibles avec les moyens des populations soutenues. Le remplacement du manque à gagner est assuré par la collecte et par la collectivité territoriale. Aussitôt, cette initiative se traduit par un climat apaisé dans les quartiers du département. La chambre d'agriculture du Puy-de-Dôme lance alors un défi à la fédération : « Trouvez-nous dix jeunes qui ont envie de travailler dans le machinisme agricole, qui sont intéressés par la terre. Nous leur apporterons des formations diplômantes avec un emploi et un salaire à la clé qui leur permettront de subvenir à leurs besoins et à ceux de leur future famille. » En mai 2021, je suis invitée à un colloque organisé par la FNSEA qui présente son « Manifeste pour une souveraineté alimentaire solidaire ». J'y entends confirmer ce que nous savons tous désormais : avec la crise Covid-19, la fragilité de l'agriculture est apparue, et celle-ci pourrait connaître le même sort que le secteur industriel à moyen terme, faute de mesures. Par ailleurs, « il y a un enjeu autour du renouvellement des générations, affirme Samuel Vandaele, secrétaire général des Jeunes Agriculteurs, sinon il y aura une concentration voire une surconcentration des terres ou des terres à l'abandon, des friches car il n'y aura pas assez d'agriculteurs. »

Dans ce contexte favorable, j'expose notre projet du Puy-de-Dôme et les prolongements nationaux que nous voulons lui donner. Il suscite l'adhésion des participants. Dans les jours qui suivent, Thierry Robert, directeur général du Secours populaire, et moi-même rencontrons Marine Jeantet, déléguée interministérielle à la prévention et à la lutte contre la pauvreté, et nos routes se croisent opportunément, car la haute fonctionnaire a fait une partie de sa carrière à la Mutuelle sociale agricole. Elle est sensible à notre propos ; informée, elle confirme que le secteur agricole propose de multiples formations qui répondent à de vrais besoins, elle est dans son champ d'action et à son tour, promet-elle, elle en parlera aux hauts-commissaires régionaux. De son côté, la fédération auvergnate trouve immédiatement les dix jeunes partants pour la rentrée 2021.

À mes yeux, l'éventuelle implication dans la filière agricole d'un jeune sans héritage culturel terrien et sans aucune formation va plus loin que la seule question de l'emploi. C'est aussi une question de savoirs inhérents à la conscience citoyenne. La langue du Parlement européen ou le discours institutionnel échappent totalement à ces jeunes. Quand on leur raconte que, dans le meilleur des mondes à venir, on pourra produire de la viande sans viande et que ce sera un bénéfice écologique pour la planète, ils sont bien loin d'imaginer que c'est une lubie qui profitera surtout à la finance et aux banques. Le pastoralisme nomade, ils ignorent que c'est la principale ressource des villages en Afrique, que les éleveurs français peuvent élever des poulets autrement qu'en batterie, ou que rien ne nous oblige à supporter l'exportation massive du soja américain sur notre sol, lequel est un danger notoire pour les agriculteurs comme pour le consommateur.

Ce projet avec les filières agricoles engendre un lourd travail pour mettre dans la boucle tous les interlocuteurs concernés mais surtout beaucoup d'espoir. Car à ma connaissance, quand le Secours populaire poursuit un but et met son énergie dans un projet, il se concrétise. Tout ne marche pas toujours aussi bien qu'on le voudrait, mais les bénévoles étant autonomes, responsables et comptables des résultats devant les donateurs, *via* le conseil d'administration, ils ne se posent pas la question de l'échec. Ils avancent avec réalisme sans promettre que « demain, on rase gratis ». Or, pour nous, les opérations de solidarité permettant à tous de se nourrir correctement sont prioritaires, les questions de la souveraineté alimentaire sont cruciales, mais si, en plus, les unes et les autres croisent des initiatives offrant des débouchés aux jeunes, la boucle est bouclée.

28

Ne pas négliger les enjeux symboliques

Avant les vacances de Noël de 2020, une bénévole du 10e arrondissement de Paris se demande ce qu'il en est des cadeaux pour les élèves du quartier. Est-ce qu'ils trouveront tous quelque chose sous le sapin? Elle s'organise méthodiquement, appelle établissement après établissement pour qu'on lui signale les familles en détresse. Après une collecte menée tambour battant, les parents reçoivent une invitation à la mairie du 10e qui se fend de sa plus belle salle pour la distribution des colis. En majorité, nous recevons ce jour-là des familles monoparentales, des mères divorcées ou célibataires, des femmes inconnues des services sociaux et de notre association. Complètement hors des radars et pourtant dans l'incapacité d'acheter ne serait-ce que des chocolats à leurs enfants à Noël. Les bénévoles ont pensé à offrir des cosmétiques aux parents, histoire que la fête soit complète.

Les Pères Noël verts, tout comme cette bénévole de l'est parisien, sont des milliers à apparaître chaque année dans les locaux du Secours populaire.

Aujourd'hui, ils ont la quarantaine bien sonnée. La «Semaine nationale de collecte» pour les fêtes a commencé dans les années 1960. L'association envoyait déjà les enfants à la montagne, distribuait des colis, offrait des places de cirque. En 1976, les bénévoles décident de «mobiliser l'association à travers une campagne identifiable par le grand public». Le graphiste Hervé Morvan dessine le premier Père Noël vert aux couleurs du sapin et de l'espoir. Ce nouveau personnage, décide Julien Lauprêtre, aura pour mission d'épauler le Père Noël rouge, pas de se substituer à lui, et ce afin de ne pas créer un Père Noël des pauvres. Léon Dujardin, membre du conseil d'administration du Secours populaire, déclare dans le numéro de *La Défense* de décembre : «Il faut dire aux personnes qui font face aux privations, à l'incertitude et à la stigmatisation qu'elles ne sont pas condamnées à la pauvreté.» Un mois plus tard, il annonce : «Le retentissement a été extraordinaire. Nos traditionnelles distributions de Noël et du jour de l'An ont été décuplées pour les enfants de chômeurs ou de grévistes, pour des familles douloureusement frappées par la misère.»

Au fil des années nous avons tenté d'affiner notre démarche. Plus d'arbre de Noël collectif avec distribution de cadeaux; désormais les familles viennent dans nos libres-services ou braderies, elles choisissent les jouets, toujours neufs, collectés ou achetés grâce aux dons, susceptibles de plaire à leurs enfants, et elles peuvent les placer sous le sapin de leur propre foyer. Après la tempête Alex, les bénévoles se sont mobilisés pour les enfants des vallées de la Vésubie et de la Roya, mais aussi pour les 400 mineurs demandeurs d'asile, isolés dans la région, et qui avaient besoin d'une « marque d'affection », dit le responsable de la fédération des Alpes-Maritimes. Dans la Manche, les 500 enfants suivis par l'association ont eu des jouets mais toujours accompagnés d'un livre. En décembre 2021, lors du Noël post-confinement, certaines fédérations ont adjoint un colis alimentaire avec des produits qui « changeaient de l'ordinaire ». Et dans toutes les prisons de France, des détenus s'affairent dès le mois de novembre pour fabriquer des jouets ou organiser des collectes au profit des enfants.

Pour les préadolescents, l'accent est mis sur les sorties, plus encore que sur les cadeaux. Ces jeunes-là vivent l'angoisse comme une routine, un vieux chewing-gum collé à leurs semelles. La moindre évasion, un petit air de réjouissances collectives aide à casser le fond de morosité sur lequel l'existence s'impose à eux. La seule revendication des gamins, quelles que soient leurs ressources, c'est d'être « comme leurs potes », mais certains le sont moins que les autres. Notre monde connecté ne devrait plus avoir un air de Second Régime tel que décrit par Baudelaire dans « Le joujou du pauvre[1] » :

1. In *Le Spleen de Paris*, 1869.

d'un côté, un château et un enfant, tout de blancheur éclatante, « de l'autre côté de la grille, [...] un autre enfant, sale, chétif, fuligineux, un de ces marmots parias». Aujourd'hui, en France, des centaines de milliers de jeunes restent encore « de l'autre côté de la grille». Les forains donateurs en ont pleinement conscience et leur ouvrent celles des Tuileries depuis des années. Ils offrent l'accès à tous les manèges à 500 adolescents venus de l'Île-de-France et de l'Eure. Et une gaufre ! Quand on ne souffre pas d'une vie aussi limitée financièrement que celle des familles soutenues par l'association, on a peine à imaginer qu'à notre époque un gamin de 13 ou 14 ans n'en revient pas de manger une gaufre embaumant la vanille et le chocolat fondu. À Noël, il n'est pas envisageable d'ajouter de la peine à l'anxiété quotidienne. Le symbole a son importance. L'inégalité des souvenirs festifs à ce moment précis de l'année crée des sentiments d'injustice irréparables.

Six mois après Noël, le Secours populaire organise un autre de ses événements phares : la «Journée des oubliés des vacances» dont la forte valeur symbolique n'échappe à aucun des bénévoles, plus mobilisés que jamais. Cette aventure est née à peu près à la même période que les Pères Noël verts. C'est une autre des intuitions géniales de Julien Lauprêtre. Il avait fait le constat que si un enfant n'était pas parti en vacances le 15 août, il ne partirait pas de l'été. Et il savait que c'était le cas d'un jeune Français sur trois. Pour ceux-là, il y avait peut-être moyen de réparer un peu l'iniquité. Dès lors, rendez-vous est pris le 18 août : 50 000 enfants de 6 à 12 ans sont disséminés dans une trentaine de lieux chaque année.

En une journée, impossible de leur infliger plus de six heures de transport, même s'ils se lèvent aux aurores. Nous visons des endroits à trois heures de route de leur lieu de résidence – mer, montagne, parc d'attractions ou animalier. Pour les jeunes Franciliens, coup de chance, la baie de Seine est à portée de car et leur journée est dédiée à la découverte de la mer le plus souvent. À Cabourg ou Deauville.

Sur les plages de la Côte fleurie du Calvados, ce sont près de 7 500 personnes de tous âges qui débarquent. Des tentes y sont dressées pour certaines activités ou en cas de pluie, les clowns sont grimés, les magiciens font des tours de cartes, le dresseur de bulles déploie ses filets, les parrains, grands sportifs ou artistes renommés, discutent et s'amusent avec les jeunes avant de signer des autographes, les maîtres nageurs surveillent le rivage, infirmiers et médecins du Secours populaire soignent les petits bobos, les moniteurs bénévoles ne lâchent pas des yeux le groupe de trois ou quatre gamins dont ils ont la charge. Ils sont jeunes pour beaucoup, ces bénévoles du 18 août. Toujours posés, joyeux, naturels, à mille lieues de donner le sentiment qu'ils font leur BA de l'année. Ils se réjouissent surtout de passer une journée dans un bel endroit et dans une ambiance électrique. Côté enfants, on regarde des bébés crabes courir sur la paume du moniteur. On braille en mettant le pied dans l'eau à 19 degrés. On reçoit des livres publiés par les éditions Rue du monde, grâce à un système de don bien huilé. Les gamins s'expriment toujours pour quelques micros de la presse venus recueillir leurs témoignages. Grace, 8 ans, porte bien son nom. Elle regarde la caméra avec aplomb : « C'est la première fois que je vais à la plage, dit-elle. C'est très chouette ! C'est la première fois, mais maintenant, je veux y aller tous les jours, et quand je dis tous les jours, c'est tous les jours. » Puis elle tourne le dos au journaliste et galope vers le moniteur qui va lui faire faire ses premiers pas dans la mer. Mourad a une dizaine d'années. Il a l'œil vif, un sourire radieux. Il répond poliment au journaliste mais il est visiblement pressé de retourner à ses occupations. Et on le comprend, si on tient compte de son programme : « Déjà, j'ai envie de jouer au ballon avec les autres, me baigner, faire du frisbee, jouer avec les bulles, courir, faire des jeux de sable, et surtout, lâche-t-il avec espièglerie, manger des glaces. »

Le lancement d'une idée nouvelle prend du temps à s'imposer dans les esprits. Une fois, il y a un bon moment, le maire de Deauville s'était opposé au projet, mais Julien avait rapidement balayé ses réticences avec son culot habituel : « Ce n'est pas grave, on installera les gamins sur les Planches. » Le maire avait fait machine arrière et depuis les enfants les plus déshérités ont le droit de se baigner aussi à Deauville. Mais, au début, les plus sceptiques étaient les enseignants et les travailleurs sociaux : « Une journée, qu'est-ce que c'est ? À quoi ça sert ? » Toute considération pédagogique mise à part, l'idée que des enfants voient la mer ou la montagne pour la première fois de leur vie ne semblait pas du temps perdu aux yeux de Julien. Et puis, il y a ce fameux moment de la rentrée où les maîtres, les profs demandent aux élèves de raconter leurs vacances. Gêne et frustration assurées pour les enfants qui n'ont pas quitté leur quartier de l'été. Alors Julien Lauprêtre et les nombreux professeurs bénévoles du Secours populaire ont fait de la pédagogie avec les professeurs. Et la « Journée des oubliés » est entrée dans les mœurs. Les gamins les plus pauvres ont désormais un souvenir à raconter à leurs camarades. Et quel souvenir ! Ils ont rencontré un sportif ou un chanteur que les autres ne voient qu'à la télévision. Plus de mines tristes ou renfrognées, ils sont fiers de leur journée, et pas mécontents de susciter, pour une fois, une pointe d'envie chez plus chanceux qu'eux. J'ai rencontré des artistes et des élus, devenus parrains de ces journées, qui m'ont dit : « Ma première journée de vacances, je la dois au Secours populaire. » Fidèles à l'esprit de l'association, ils ne conçoivent pas de ne pas s'impliquer en toute discrétion dans nos actions. Et ce renvoi d'ascenseur n'attend ni la célébrité ni la maturité. Dès 14 ans, les jeunes suivis par l'association sont présents en tant qu'animateurs, c'est notre conception des grands frères et des grandes sœurs.

Le temps des vacances épaule celui de l'école, nourrissant les gamins de nouvelles sensations, de découvertes, de réflexion. Pour eux, les vacances ne sont pas synonymes de repos mais d'éveil. C'est pourquoi la Journée des oubliés s'enrichit de tout un dispositif où sont entraînés des familles entières ou des enfants de l'étranger, invités *via* Copains du monde. Enfin des démarches individuelles prennent corps tout au long de l'année. Dans une entreprise, une amie du Secours populaire constate que les hommes et femmes de ménage n'ont pas les moyens d'envoyer leurs enfants en vacances. Elle lance une collecte et tous les donateurs, sur leur lieu même de travail, suivent l'évolution du projet : collecter le montant nécessaire, trouver les infrastructures, assister au départ du car, regarder les photos souvenirs. Tout prend du sens. Pour les employés, pour les enfants, mais aussi pour le personnel de ménage qui bénéficie d'un peu d'oxygène, et qui entraperçoit la possibilité d'un changement dans sa vie.

Chez nous, nul ne voit de la dispersion dans cette diversité d'actions. Plus qu'à toute autre chose nous tenons à notre spécificité : nous n'en avons aucune. Nous sommes une association généraliste. Et notre devise « Tout ce qui est humain est nôtre » est un ressort, une source d'énergie constante car elle est en prise avec la vie.

Je l'éprouve au quotidien sans la moindre lassitude. Et je retrouve ce dynamisme chez tous les bénévoles. Quiconque met un pied dans l'action au profit des autres se sent mieux et en redemande. C'est ainsi. Assister au soulagement d'une mère qui reçoit les couches ou le lait maternisé qu'elle ne pouvait plus acheter à son nourrisson, la voir retrouver goût à faire la cuisine dans un atelier, contempler un gamin qui batifole dans les vagues pour la première fois, soutenir au jour le jour des étudiants vulnérables, sortir tous ces gens de leur condition de numéro d'identification et de lignes de revenu donnant droit à une prestation, c'est un puissant anxiolytique naturel. D'ailleurs, les études scientifiques de chercheurs du Royaume-Uni ont fait apparaître un lien entre bénévolat et santé. Se mettre au service solidaire de ses semblables réduirait l'hypertension, le stress et les risques de dépression. Sans nul doute parce que le bénévolat n'est jamais consenti comme un sacrifice, mais vécu comme une aventure toujours renouvelée.

29

Sauver les victimes du confinement

Le hasard du calendrier a voulu que la dernière réunion des secrétaires généraux des fédérations du Secours populaire ait eu lieu quatre jours avant le premier confinement. Nous ignorions tout de l'avenir, mais nous avions une conviction : nous ne nous confinerions pas. Je l'ai affirmé à titre personnel mais aussi au titre de secrétaire générale de l'association. Le Secours populaire est un enfant de la Résistance, montrons-le. Si nous ne pouvons plus ouvrir les locaux, sortons les chaises et les tables dehors. Ajustons notre comportement au jour le jour.

Nous avons mis en place un dispositif de réunions virtuelles pour pouvoir nous joindre, échanger et nous assurer que nous serions sur le terrain où que nous nous trouvions.

Dès que l'attestation de déplacement Covid-19 est mise en circulation, nous prenons contact avec les services du Premier ministre afin de faire ajouter une ligne signifiant l'autorisation de sortir après le couvre-feu «pour des missions d'intérêt général». Certains membres des associations qui effectuent des maraudes se sont vus menacés d'amendes par des policiers. Nous obtenons gain de cause en quarante-huit heures. Les bénévoles verbalisés entre-temps font annuler leur amende. Mais ça ne règle pas les problèmes, loin de là. La fermeture de tous les centres communaux d'action sociale, des CAF, nous avons jugé que c'était proprement stupéfiant. Et les conséquences de cette aberration ne se sont pas fait attendre.

Des étudiants prennent contact avec le Secours populaire en disant: «On a faim.» Les restaurants universitaires ont cessé toute activité – comme les cantines des groupes scolaires. Les familles des jeunes habitent loin, parfois de l'autre côté des mers, impossible pour certains d'aller se réfugier chez leurs parents. Plus de baby-sittings, ni d'emplois dans la restauration, plus de petits jobs. Je ne crois pas au machiavélisme des technocrates qui ont mis en place les mesures sanitaires, mais j'ai constaté un manque patent de réflexion. Ce que les Français ne cessent de reprocher aux dirigeants, leur côté «hors-sol», était criant durant cette crise. Ces derniers n'ont pas été effleurés par les dangers collatéraux, obsédés qu'ils étaient par le virus, par une pandémie que personne ne comprenait. La panique leur ôtait toute capacité d'évaluer les répercussions sur le plan humain. Il fallait sauver les gens du Covid, même si on mourait de faim en chemin, ce n'était pas le moment de s'occuper de ça. Ce n'était pas le sujet. Ils ont oublié que les êtres humains ne sont pas des sacs qu'on entrepose en attendant une embellie. La peur et l'incapacité de se projeter chez les politiques ont engendré des ravages.

Après un mois, l'appareil d'État comprend qu'il y a un problème avec les populations démunies. Lequel ? Il organise un tour de table avec les dirigeants d'associations, les élus, les ministres eux-mêmes. Il demande : « Alors, comment ça se passe ? » Il n'est pas déçu du voyage. Nous disons : « Il y a eu 30 % de demandes d'aide supplémentaire au début du confinement, puis 40, puis 45 %. Des gens qui n'avaient jamais sollicité nos bénévoles. Pour l'instant, nous prenons sur nos stocks mais ils s'épuisent. Nous avons besoin d'argent tout de suite pour financer l'indispensable. »

Dès avril 2020, les bénévoles sont dehors et constatent qu'ils ne s'en sortiront pas. Le nombre de personnes à aider a doublé et, dans le même temps, nous n'avons aucune possibilité de générer des ressources par la vente de produits. Les amis du Secours populaire s'inquiètent de ne pouvoir répondre à la demande. J'évalue les besoins à 100 000 euros par fédération pour les produits alimentaires et d'hygiène. Le calcul est rapide : 100 000 euros pour 100 fédérations, nous devons trouver 10 millions d'euros en urgence. J'annonce la somme aux secrétaires généraux des fédérations.

Certains me disent : « Tu n'es pas bien ! » Et je les comprends. Ce n'est pas ce que je leur réponds, cependant. « Je me fonde sur votre bilan. Sur ce que vous avez, sur ce qui vous manque et sur le nombre de demandeurs. » Il faut trouver cet argent. « Tu rêves. » Je persiste : « Il faut lancer immédiatement une collecte de grande envergure et communiquer tous azimuts dans les médias. » En moins d'un mois, nous avons récolté les millions nécessaires grâce à la mobilisation des donateurs. Pour les Français et pour les associations partenaires du monde entier. Plus remarquable encore, l'association s'est enrichie de 5 000 bénévoles supplémentaires en un an. Dont un quart de jeunes de moins de 25 ans. Du jamais-vu.

La population était lasse d'entendre certains pontes de la médecine s'envoyer des noms d'oiseaux tous les soirs à la télévision. Alors elle s'est détournée des écrans pour mieux regarder autour d'elle. Dans le Loiret, la fédération reçoit un appel : « Depuis des jours, nos voisins ne sortent plus de chez eux, même pour faire les courses. » Le secrétaire de la fédération monte sur-le-champ dans sa voiture. Il découvre un père et ses deux enfants, malheureux, cloîtrés, qui n'ont plus rien à manger, faute de ressources. Dans les Alpes-Maritimes, même cas de figure. Des habitants d'un quartier bourgeois de Nice ne croisent plus leurs voisins de palier depuis trois jours. Les auteurs de cet appel sauvent la vie d'un couple dans le besoin qui se laissait mourir de faim. Il n'osait rien demander, ne savait pas à qui s'adresser. Nous faisons passer le message dans la ville, aussitôt des bénévoles, mais aussi des gens du quartier vont porter des sacs de victuailles, ils se présentent en nombre.

Cette situation s'est reproduite des centaines de fois durant les confinements. Une mère de six enfants vient chercher des coloriages et des jeux dans nos locaux. Ce sont des amis qui lui ont suggéré de faire cette démarche. Les gamins, petitement logés, privés de toute activité à l'extérieur, ne tiennent plus en place. La mère se dit « mal à l'aise » de solliciter de l'aide. Elle avoue dans un sourire pudique que « ce n'est pas facile ». « C'est très dur, même », conclut-elle sans cesser de sourire. Une jeune Ukrainienne témoigne à son tour en septembre 2020. Elle a perdu ses deux emplois depuis six mois. Elle était femme de ménage dans un hôtel qui a fermé et elle dispensait quelques cours de violon. Bien qu'elle repense avec joie à la semaine de vacances organisée par l'association, un séjour avec ses deux fils à l'île d'Oléron, elle dit, comme tous : « Je suis inquiète pour l'avenir. » À Lyon, face à l'angoisse des personnes aidées comme des bénévoles isolés, une équipe décide de les appeler un par un. Elle les tient informés des actions de l'association et prend de leurs nouvelles. Elle sollicite les étudiants chargés de l'aide aux devoirs, préconisant d'entretenir le lien avec leurs élèves à tout prix, à défaut de poursuivre le soutien scolaire. En Seine-Saint-Denis, la comédienne Ariane Ascaride prend en charge téléphoniquement des membres âgés et esseulés de l'association. « Ils sont délicieux, gentils… raconte-t-elle. Parler leur fait du bien. On discute aussi bien de recettes de gâteaux, de la manière de fabriquer des masques ou même de politique… Parfois, la conversation s'arrête et ce sont mes correspondants qui me demandent si je vais bien ! Ce sont des gens qui, bien que confinés, sortent faire des courses pour leurs voisins moins vaillants… Ils peuvent avoir 84 ans, mais restent des bénévoles au fond d'eux. Ils ne s'inquiètent pas tellement pour eux mais plutôt pour les jeunes. »

À cette même période, il n'y a pas d'entreprises pour venir réparer les ascenseurs en panne dans les barres. Ces mêmes jeunes de Seine-Saint-Denis, ceux dont on dit pis que pendre par facilité et pour donner un visage au malaise social, sont filmés par les médias dans les escaliers en train de porter des sacs de courses à leurs voisins du troisième âge. Spontanément, ils se sont organisés entre eux. On s'étonne de voir les personnes âgées leur ouvrir la porte sans méfiance, mais il n'y a aucun vol, pas une agression à déplorer. Pourtant ce sont les mêmes jeunes que d'habitude. C'est bien la preuve que s'il y a un objectif et des propositions, une possibilité de se rendre utile et d'être valorisé par l'environnement, les problèmes s'atténuent. À l'université de Saint-Denis-Villetaneuse, les étudiants procèdent à la distribution de produits alimentaires pour leurs camarades, ils font le tour des chambres en banlieue pour s'assurer que personne ne reste sur le bord de la route. Les bénévoles ne sont pas intervenus dans ce circuit sauf pour leur fournir la nourriture. En mai 2020, une nouvelle opération est lancée avec notre partenaire des marchés d'intérêt national et marchés de gros. Les médecins bénévoles nous alertent de nouveau sur les besoins sanitaires des plus démunis. Il faut leur fournir d'urgence des produits frais pour prévenir les carences et lutter contre les maladies qui en découlent. Les fédérations franciliennes vont effectuer leurs premiers achats à Rungis grâce aux collectes des étudiants et des enseignants. Les fruits et légumes sont proposés dès le lendemain aux étudiants eux-mêmes, intérimaires, artisans ou autoentrepreneurs qui basculent dans la précarité. Les équipes sur le terrain redoublent d'imagination, mettent en place de nouvelles pratiques pour pallier des problèmes inédits.

Les technocrates eux non plus ne manquent pas d'idées. Pas toujours pour le meilleur. En avril 2021, nous recevons une circulaire du ministère des Solidarités et de la Santé qui interdit aux associations de collecter et de distribuer des vêtements pour limiter les risques sanitaires. Une nouvelle orchidée administrative ! J'écris un message aux responsables en charge. Je les questionne : Est-ce qu'au printemps 2021, les bébés naissent habillés ? Est-ce que les enfants déshérités vont cesser de grandir et aller pieds nus à l'école ou attifés à la va-comme-je-te-pousse ? Nous ne pouvons souscrire à cette directive. Et nous invitons toutes les fédérations à continuer à exercer la solidarité avec ou sans la bénédiction de l'État. Par chance, dans les quarante-huit heures qui suivent, Olivier Véran se rend au siège du Secours populaire pour annoncer, en conférence de presse, « un soutien exceptionnel de 100 millions d'euros à des projets solidaires nationaux portés par les associations de lutte contre la pauvreté ». Le plan « France relance » a donné lieu à des appels à projets, 33 d'entre eux sont retenus, dont le nôtre. Je profite de la présence du ministre et me permets d'attirer son attention sur cette circulaire absurde. Il s'engage à la revoir dans les plus brefs délais. Conformément à ce que dit la sagesse populaire, sur des questions aussi sensibles, il conviendrait de ne pas confondre vitesse et précipitation. Avant de signer des formulaires, il serait bon de les relire, de s'interroger sur leur pertinence et sur leurs conséquences, et de ne pas faire l'impasse sur la réponse.

Comme l'histoire suivante le confirme, le diable se cache dans les détails. Pour notre activité au Liban, je suis en rapport avec Amal Amélia Lakrafi, députée LREM des Français établis hors de France dans 49 pays du Moyen-Orient. Nos relations avec cette jeune femme remarquable sont chaleureuses. Elle m'appelle au début de la crise sanitaire, car la Conférence islamique mondiale se propose de lui offrir 65 000 masques, si elle en a l'usage. Après consultation des amis, je lui dis : « Bien sûr, on les prend, et on vous remercie. » L'avion porteur viendra de Dubaï, est-ce qu'on est en mesure de récupérer les colis à l'aéroport ? « Aucun problème. » Ils arrivent sur le tarmac le lendemain. Commencent alors les joies du dédouanement et de l'homologation telles que requises en France. Les masques sont bloqués pendant quatre jours, beaucoup plus de temps qu'il n'en a fallu pour les expédier à 6 000 kilomètres de distance. Amal se démène, l'entrepôt qui les reçoit sous douane accepte d'offrir le coût du stockage par solidarité. Quand on a réuni tous les papiers dans des conditions acrobatiques, les éléments de conformité ont changé ! C'est grâce à notre réseau relationnel que nous pouvons récupérer les masques. Pour nous consoler, les responsables du stockage nous disent : « Vous n'êtes pas les seuls à attendre, il y a plein de masques en rade dans nos entrepôts. »

Pendant le confinement, 43 % de la population française a subi une baisse de revenus. Le Secours populaire a assuré l'alimentation de 1,3 million de personnes. Nous sommes loin de nous en réjouir.

30

Nommer la précarité

La nuit tombe sur la place de la République qui ne désemplit pas. Une queue s'étend sur plusieurs centaines de mètres. Principalement des hommes, tous vêtus de noir, cachés par une casquette, une capuche, un bonnet. Tous progressant dans un silence de mort. Tous venus chercher de quoi se nourrir. Mes parents m'ont décrit ce genre de scènes. Marches de chômeurs, queues de familles affamées. Des histoires des années 1930 qui annonçaient la Seconde Guerre mondiale. Des scènes que je croyais réservées aux livres d'histoire. Des scènes qui n'annoncent jamais rien de bon. Et que je vois à quelques centaines de mètres de chez moi, en plein Paris, au printemps 2020.

Au début du nouveau millénaire, le taux de pauvreté a augmenté de manière inquiétante dans la population française : 12 à 14 % par an. On dénombrait 4 à 5 millions de pauvres supplémentaires entre 2004 et 2019. Et puis arrive la crise sanitaire, et le bond est affolant : 1 million de pauvres en un an à ajouter aux 9,3 millions déjà existants. Pour ce million de personnes imprévues au bataillon de la misère, on parle de « nouveaux pauvres », comme on le fait depuis les années 1980, chaque fois que la France prend conscience de l'ampleur des dégâts. Mais il ne s'agit pas que d'un marronnier pour les médias, l'augmentation des demandes de soutien induit aussi une nouvelle forme de pauvreté qui s'ajoute aux autres. Elle est tout aussi complexe, propre à notre époque, et s'est répandue dans les pays les plus riches : c'est la précarité. Un phénomène qui n'est plus si récent qu'on le croit mais au développement exponentiel.

La précarisation désigne des gens qui éprouvent un profond sentiment d'instabilité alors qu'ils ne se sont jamais crus pauvres. Pour eux, les pauvres, c'étaient les autres, jusqu'au jour où la crainte d'entrer dans cette zone de turbulences les étrangle au quotidien. Citons de nouveau Anne Brunner, qui écrit en 2018 : « Ce qui se passe aujourd'hui dans les sociétés occidentales n'est pas un appauvrissement massif des plus pauvres, mais une augmentation du nombre de personnes qui décrochent du niveau de vie des classes moyennes. Ces milieux les plus modestes accèdent de moins en moins aux standards de vie, et en particulier de consommation, qui sont les plus courants. Cet écart est d'autant plus pesant que la valeur d'égalité constitue l'un des piliers de notre

République d'un côté, et que la pression à consommer est énorme, de l'autre[1]. »

Dès 1988, le Secours populaire identifie cette nouvelle population en souffrance. Et le mot « précarité » passe de concept à l'observation d'une situation existante. L'étude est menée par Jean-Pierre Fénelon, spécialiste de l'analyse des données, Yvette Houzel, chercheure en sciences économiques, moi-même, et elle est financée par le ministère des Affaires sociales et de l'emploi ainsi que par la Communauté européenne. Elle commence en 1986, alors que les bénévoles du Secours populaire constatent, outre les demandes de soutien en augmentation, le changement de population concernée. Les permanences d'accueil reçoivent la consigne de recenser exhaustivement les personnes de plus de 16 ans franchissant les portes de l'association durant deux mois. Et c'est sur la base de ce fichier que nous soumettons notre questionnaire – selon les modalités habituelles : volontariat et confidentialité. L'approche statistique sera nourrie par des témoignages afin de « saisir les circonstances qui ont fait basculer ces personnes dans les difficultés ou la misère ». Est-ce que l'appauvrissement est progressif? Est-ce que des éléments biographiques, récurrents d'une personne à l'autre, créent les mêmes enchaînements vers la paupérisation? Est-ce qu'il y a un décalage entre le discours de l'institution et la

1. *Rapport sur la pauvreté en France*, *op. cit.*

réalité ? Telles sont les zones d'ombre que nous voulons éclairer à la faveur de cette initiative. Nous rédigeons un questionnaire couvrant l'ensemble des domaines de la vie, comme pour n'importe quelle population. Il ne s'agit pas de comptabiliser uniquement les ressources monétaires, mais de se poser aussi la question de la dégradation dans les domaines de l'éducation, des loisirs ou de la vie sociale. Or, à rebours des clichés en vogue à l'époque, selon lesquels les nouveaux pauvres seraient essentiellement des illettrés incapables de s'inscrire dans les réseaux d'aide sociale, il apparaît que, pour une large part, les demandeurs ont un niveau de scolarisation banal, ils savent lire, ils peuvent citer des supports de lecture – de la presse au roman –, ils ont eu des métiers d'employés, d'ouvriers pour l'essentiel. Toujours pour contrarier les lieux communs, ce ne sont pas des irresponsables, incapables de calculer un budget, ils réduisent les dépenses – alimentation, vacances des enfants, soins médicaux – dès que les factures s'accumulent. En revanche, ce qui apparaît aussi nettement, c'est que 90 % d'entre eux sont au chômage, et que 96 % ont des dettes de loyer. Grosso modo, ce qui est flagrant, c'est que ce sont des gens comme tout le monde.

Comme aujourd'hui où l'on trouve mêlés dans la précarité des commerçants en difficulté, des mères célibataires dont le conjoint ne peut plus payer la pension alimentaire, des salariés au chômage partiel, des chefs de petites entreprises, des autoentrepreneurs, des intérimaires. Des gens qui subvenaient à leurs besoins et qui soudain se trouvent sans ressources. Des gens qui constatent qu'un Smic de 1 219 euros mensuel pour un travail à plein temps ne permet plus d'échapper à la pauvreté. Et c'est sans doute le pire des constats, annonciateur d'une crise sociale sans précédent. Actuellement en France une personne sur quatre ne mange pas à sa faim. Mais beaucoup d'autres se sentent guettées par le même sort.

Parmi cette population, il faut accorder une attention particulière aux 18-25 ans. Les sondages que nous menons depuis quatorze ans avec Ipsos, en posant toujours les mêmes questions afin de mesurer précisément l'évolution de la crise sociale dans notre pays, prouvent que ces jeunes sont plus diplômés et plus qualifiés que leurs aînés. Pour eux, malgré tout, « l'accès au logement, aux loisirs et bientôt à la santé se dégrade depuis plus de vingt ans. L'autonomie, l'installation, la possibilité de faire des études sont de plus en plus liées au soutien de la famille », mais dans la situation actuelle, par voie de conséquence, cette dernière peine à les aider. « Les inégalités se reproduisent et se creusent de génération en génération. 70 % des jeunes de 18 à 30 ans pensent que la société ne leur accorde pas une place suffisante », conclut Christian Lampin, secrétaire national du Secours populaire, chargé des questions sur la jeunesse. Aujourd'hui le RSA n'est toujours pas accordé aux jeunes majeurs n'ayant jamais eu d'emploi.

Je n'ai pas d'opinion sur les sigles, mais RSA ou pas, il va bien falloir créer des mesures offensives de toute urgence pour que ces jeunes aient du travail ou des aides suffisantes pour se nourrir, et même un peu plus. Ces jeunes gens ont besoin de savoir que la société se préoccupe de leur équilibre économique, qu'elle croit en la nécessité de les intégrer pleinement, qu'elle a conscience qu'il n'y a pas d'avenir sans eux. Surtout quand, dans le même temps, ces jeunes, qui se sentent abandonnés, affirment à 78 % vouloir s'engager pour aider les autres ! Et ils ne se contentent pas d'effets d'annonce, ces nouveaux bénévoles sont arrivés en nombre au Secours populaire en 2020 et 2021, apportant leur regard, leurs expériences propres, leurs connaissances, nous amenant à réfléchir sur nos pratiques, créant une solidarité intergénérationnelle et, globalement, enrichissant considérablement l'association.

Pour tous ces gens, qu'ils soient pauvres ou précaires, l'accueil est inconditionnel au Secours populaire. Jamais soumis à un questionnaire intrusif, ni à la vérification de papiers ou de niveau de ressources. Le bénévole se contente de poser une question : « Qu'est-ce qui fait que vous voulez nous rencontrer aujourd'hui ? » Les gens peinent souvent à exprimer leur désarroi économique, toujours persuadés qu'ils en sont coupables. Et c'est une sacrée injustice supplémentaire. Souvent, c'est au moment où le responsable d'un comité s'apprête à fermer la porte du local le vendredi soir qu'une mère, ayant repoussé cette idée jusqu'au dernier instant, se présente avec un enfant dans les bras. Elle sait qu'elle ne passera pas le week-end sans un euro en poche. Une voiture s'arrête, c'est un patron dont la petite entreprise est en liquidation judiciaire, sa carte bancaire a été bloquée, il n'a pas de quoi nourrir sa famille. Ce sont des situations d'urgence et le bénévole rouvre toujours la porte du local car, il le sait, quand les gens viennent au Secours populaire, c'est qu'ils ont tout essayé pour sortir la tête de l'eau. En vain.

31

Faire entrer dans la danse les entreprises

Pour atteindre ses objectifs, Julien Lauprêtre décide, dès les années 1980, d'aller à l'encontre de la position historique du Secours populaire en cherchant des fonds auprès des entreprises privées. Après coup, il dira : «Si j'avais mis la question du partenariat au vote, j'aurais été battu.» Il fallait le faire, nous n'avions pas le choix, nous devions diversifier nos sources de revenus. Aujourd'hui, la question ne se pose plus. Les entreprises du Cac 40, les PME, les fondations font des dons déduits de leurs impôts, offrent du matériel, des services et des conseils à l'association. Ces contributions, comme tous les dons des personnes privées et les rentrées financières de nos braderies, nous permettent de ne pas demander en vain des fonds à la puissance publique. Elles sont garantes de notre indépendance et de notre capacité à agir au mieux pour les Français en grande difficulté.

Cette vision ne s'est pourtant pas imposée d'emblée. En témoigne un accroc, il y a vingt ans, quand la généreuse entreprise s'est révélée être la maison de production de *Loft Sory* ! Elle proposait de donner à nos demandeurs tout le mobilier et l'électroménager qui constituait le décor du fameux loft. Visiblement la première émission de téléréalité en France ne comptait pas beaucoup de fans parmi les bénévoles. Levée de boucliers ! Nous allions pactiser avec le diable, ce programme était le grand pourvoyeur de clichés sexistes, offrait une vision dégradante de l'être humain. Je me disais : Comment peut-on considérer qu'un frigo va corrompre nos âmes ? Quel rapport entre une lampe halogène et notre éthique ? Des dirigeants du Secours populaire ont menacé de partir. Aujourd'hui, cette discussion enflammée est un souvenir révolu. Quelles que soient les activités d'une entreprise, si elle décide de donner une partie de ses gains à l'humanité privée de tout, c'est un excellent début. Dans les premiers temps, certains bénévoles étaient si hostiles à ces partenariats qu'on aurait cru transformer le Secours populaire en paradis fiscal ! Alors qu'il n'y avait rien d'autre à voir que des actes de redistribution volontaire. Je dirais, par ailleurs, que je n'ai pas à juger les motivations des entreprises donatrices et, même, que je suis loin d'être passionnée par le sujet. Peser sur les conséquences et non sur les causes, encore et toujours, c'est le rôle que nous nous sommes donné et nous ne le cachons pas à nos partenaires : « Il n'est pas dans votre intérêt que les gens soient désespérés. » Certes, comme je ne cesse de le répéter, l'association fonctionne sur le soutien mutuel entre amis, mais pour aider près de 10 millions de personnes vivant sous le seuil de pauvreté en France et des associations de solidarité dans 80 pays, l'argent des entreprises se révèle très utile.

Le premier partenariat avec le groupe LVMH date de 2015 et du soixante-dixième anniversaire de l'association. Julien Lauprêtre voulait porter l'accent sur l'accès à la culture pour les plus démunis. La Fondation Louis-Vuitton accepte alors de partager ses compétences en montant l'exposition Recto/Verso, à laquelle participent plus de 200 artistes. Les œuvres sont mises aux enchères pour le Secours populaire et une quinzaine de journées sont réservées à la visite des bénévoles et aux familles aidées par l'association. Julien Lauprêtre déclare à cette même occasion : « Depuis sa création en 1945, le Secours populaire a toujours veillé à ce que les artistes de renom participent à des actions de solidarité, soit en personne, soit en offrant une œuvre, soit en lançant des appels aux dons au bénéfice de l'association. Cette manifestation, poursuit-il, suscite un grand intérêt et va représenter une précieuse contribution financière afin que des milliers d'enfants, de jeunes, d'adultes qui viennent solliciter de l'aide dans nos permanences d'accueil et de solidarité et relais santé puissent accéder à la culture. »

Depuis ce partenariat, LVMH nous apporte un soutien régulier. Juste avant le premier confinement de mars 2020, le groupe organise un « gala caritatif» tel qu'on peut en voir dans les films américains. Je suis invitée à venir parler des actions du Secours populaire au même titre que d'autres représentants d'associations de solidarité. J'aurai trois minutes pour exposer notre cause, me dit-on. On me fait répéter mon discours avant la cérémonie, on me demande de petites modifications que j'accepte car elles ne changent rien au sens de mon exposé. C'est assez irréel de parcourir ces salons, l'opulence est d'un autre siècle, je suis un peu ailleurs, décalée, dans un milieu qui m'est totalement étranger et j'ai le sentiment qu'il y a une erreur de casting. Qu'est-ce que je fabrique donc ici? Mais je suis d'une nature disciplinée et je me concentre sur mon objectif. Chaque table correspond à une société du groupe, celle-ci a invité ses meilleurs clients, lesquels ont payé chèrement le ticket de la tombola qui suivra. Trois gagnants nous font bénéficier de leur lot. Pour l'un d'entre eux, c'est un parrain du Secours populaire qui nous offre une parure. Pour un autre, il nous fait don de bijoux uniques. Pour le dernier, il nous attribue un flacon d'un litre de parfum Guerlain, une pièce ouvragée, tout de cristal et d'or. Une véritable pièce de collection. Je n'en crois pas mes yeux. L'ami de l'association qui m'a accompagnée non plus. Le donateur disparaît sans même nous dire qui il est. À titre personnel, la directrice de Guerlain affirme être ravie que cet objet splendide aille au Secours populaire. Elle est bientôt rejointe par un homme qui nous dit: «Je suis nez chez

Guerlain, si vous décidez de vendre le flacon aux enchères, je viendrai le présenter. » Le cadeau pèse son poids. C'est la nuit, et nous devons le mettre en lieu sûr. Je l'emporte chez moi. Le lendemain, je le place dans mon chariot toujours prêt à assurer le transport de colis alimentaires, de produits d'hygiène, de médicaments, tout à fait novice dans l'art de transporter des biens d'une telle valeur. Au siège de l'association, nous admirons de nouveau le flacon ouvragé. Puis nous sortons tous les dossiers du coffre pour y placer la précieuse bouteille. Un jour, bientôt, elle se transformera en kilomètres de conduites d'eau potable au fin fond de l'Indonésie ou en tonnes de ciment pour la reconstruction d'une école.

Depuis trois ans, à l'occasion de la Journée internationale des droits des femmes, un moment entièrement dédié à la beauté et à la culture est offert, toujours par LVMH, à 350 d'entre elles frappées durement par la précarité. Des femmes, hantées par les fins de mois, par le sort de leurs enfants, et qui « jamais dans leur vie n'ont pu imaginer se faire pomponner ». C'est une journée axée sur l'estime de soi et les résultats sont visibles dans la durée, en termes de fierté personnelle et d'envie d'aller de l'avant. Des femmes de tous âges se rendent dans l'un des six lieux de culture prestigieux choisi pour cette journée spéciale : séance avec des *make-up artists*, avec des photographes professionnels renommés, tirage du cliché en cadeau et visite guidée d'une exposition.

Si je prends l'exemple de LVMH parmi nos dizaines de partenariats, ce n'est pas parce que ce sont les plus gros donateurs. En 2020, ce fut une mutuelle qui nous versa 7 millions d'euros. Ce n'est pas parce que le Secours populaire en tirerait d'éventuelles aides supplémentaires. C'est précisément parce que ce groupe incarne en France le luxe et la richesse, les deux notions sans doute les plus étrangères à notre association depuis sa fondation. C'est parce que je veux répéter nos principes de solidarité pratique et active. Au cours de ces opérations, mes interlocuteurs ne se posent pas plus la question de savoir si j'ai ma carte dans un parti que je ne m'interroge sur leur vision du libéralisme. Ces questions sont dénuées de pertinence à l'instant même où chacun agit pour le bien d'autrui. Image des entreprises du Cac 40, démagogie, défiscalisation, du côté des grands groupes? C'est leur problème. Pragmatisme de la part du Secours populaire? Oui. La question morale ne se pose pas dans des termes partisans ou idéologiques. La question est: «Comment allons-nous nous entraider cette année pour ne pas assister passivement au calvaire social de nos semblables?»

Quand les femmes quittent les studios de maquillage, avec au bout du bras un sac plein d'échantillons de produits de beauté et de maquillage, des billets pour le Jardin d'acclimatation et une photo où elles resplendissent, elles ont le sentiment d'être prises en considération. Quand elles témoignent, ces femmes combatives qui n'ont pas souvent la larme à l'œil, faute de temps pour ça, ont la voix qui se voile, les yeux humides, et on les voit faire de vrais efforts pour ne pas céder à l'émotion devant la caméra. Leur bonheur n'a rien de béat, mais une zone sensible de leur précarité est touchée, alors qu'elles ne la soupçonnaient même pas.

Voici ce qu'elles disent avant la séance :

« On voulait voir ce que ça donnait. Parce qu'on ne se maquille jamais. »

« Je me suis toujours occupée des autres, j'ai pris une journée de libre. Chacun son tour. Ça me change les idées surtout. »

« C'est une journée pour moi-même. Je crois que c'est ça, hein ? »

À la question : « Qu'est-ce qui vous ferait plaisir ? », l'une d'elles reste sans voix. Veut-elle plus de maquillage ? Elle ne sait pas : « Je vous laisse faire, c'est vous le chef et c'est moi la reine. »

Une autre femme à laquelle la maquilleuse dit avec enthousiasme : « Vous avez une très belle peau » la remercie simplement pour ce compliment.

« Nous les femmes, on ne pense jamais à nous. On a des enfants, on a du mal à joindre les deux bouts. Parfois on se dit qu'on n'a pas le droit. Pour les autres, ça peut être anodin de s'occuper de soi. Mais c'est pas si facile quand on a des problèmes. C'est très difficile, on n'y pense même pas. On oublie sa vie de femme, vraiment. »

« J'ai jamais eu ces choses-là, pour moi c'était pas une nécessité avec tous les événements que j'ai eus dans ma vie depuis l'âge de 16 ans. Faire des soins pour moi, je peux pas, et puis j'en vois pas l'intérêt. »

Et après :

« Dès qu'il m'a mis le fond de teint, le fard à paupières et le crayon, je me suis dit, ah oui, je suis belle. Ça me donne confiance en moi et l'envie de me battre pour être bienvenue dans le monde. »

« Il faut pouvoir s'aimer dans le miroir. Il y a douze ans je suis tombée malade, et le diagnostic n'a pas été facile à gérer. Quand vous portez vraiment la fatigue sur le visage, vous vous dites : “Je ne vais pas y arriver.” Je méritais cette journée, j'en suis sûre. »

« C'est magique, non ? »

« J'adore, je revis ma jeunesse. »

« Quand je me suis vue dans le miroir je me suis dit, je peux y arriver, je peux changer. Je suis chouchoutée, je suis là, parmi les gens. Ça me fait oublier mon petit passé. »

« Ça m'a fait bizarre qu'on me touche le visage, mais ça m'a détendue. J'ai envie de rire et de pleurer en même temps. Je suis forte, hein ! »

« Je me sens plus jeune, par rapport à ce matin. J'étais comme une vieille. »

« C'est moi, ça ? »

« Je ne sais pas comment expliquer ça. Je suis heureuse. »

Il suffit d'écouter ces femmes pour comprendre que le Secours populaire, tel que conçu par Julien Lauprêtre, n'a pas la place pour des pudeurs d'effarouchée, ni pour les nez pincés. Au Secours populaire, pour les autres, nous prenons tout.

Nous prenons quand les entreprises financent les 50 euros par personne des Journées des oubliés des vacances. Nous prenons quand les banques accordent un congé rétribué aux salariés désireux de consacrer du temps aux surendettés pour leur expliquer les recours possibles. Quand les grands distributeurs donnent des vêtements. Nous prenons les arrondis en caisse et sur salaire. Nous prenons quand Renault finance 200 permis de conduire pour des jeunes en recherche d'emploi. Quand Chanel offre du gel hydroalcoolique. Quand le Thalys achète les billets des jeunes bénévoles qui veulent participer aux rencontres, forums ou congrès du Secours populaire. Nous sommes dans l'action au plus près de la population, jamais déconnectés de la réalité. D'ailleurs, toute personne qui sollicite le suffrage universel ne peut pas occuper conjointement des fonctions de dirigeant au Secours populaire. Nous nous en expliquons ainsi face aux hommes et femmes politiques : « Nous ne mélangeons pas les genres. Aujourd'hui vous êtes aux affaires. Vous êtes éphémères. Pas notre association. »

32

Aller plus loin

Allons plus loin ! Réfléchissons au sens que nous voulons donner à notre vie. Vivre pour soi ? Quel meilleur moyen que de vivre avec les autres et pour eux ? Ouvrons les yeux sans peur et demandons-nous si nous voulons passer notre chemin au spectacle de la souffrance, du dénuement, de l'injustice sociale. Ou bien agir pour peser sur le cours des choses et en ressentir un apaisement. Dans ce cas, comment agir ? Avec qui ? Dans quel cadre ? Et avec quel objectif ?

Dès l'adolescence, j'ai choisi de ne rien considérer comme acquis. Mes ascendants l'avaient payé trop cher, pris dans la tourmente des guerres et des chasses à l'homme. J'ai choisi de chercher ceux qui avaient cette même vision fragile des biens et des positions sociales qu'on veut croire définitifs ou décisifs. Ceux qui avaient la même volonté de comprendre l'autre, d'apprendre de l'autre pour ne pas se perdre soi-même. Ceux qui avaient besoin d'écouter leurs semblables, de les entendre expliquer à quels écueils ils étaient confrontés. Cette approche constitue la colonne vertébrale de mon engagement et celui du Secours populaire. Certes, mon engagement résulte pour une part de mon éducation, de mon environnement social et familial, des convictions de mes parents. Mais ces mêmes parents avaient tout entrepris pour dégager la route de leurs enfants, afin de leur éviter les risques majeurs dans l'existence. Pour les en remercier, je me suis montrée aussi indocile qu'ils l'avaient été et peu encline à obtenir les avantages matériels qui découlent parfois de la retenue ou de la prudence. Aujourd'hui encore, les chemins de traverse m'intéressent bien davantage que les routes toutes tracées. Ce n'est pas un hasard si je n'ai aucun sens de l'orientation, et si je ne reconnais jamais les gens, sauf à entendre leur voix. Je vis dans un certain décalage. Mais quoi de plus vivant que le décalage, que de regarder autour de soi, sans se fixer de limites, en se demandant comment être toujours en mouvement?

Le Secours populaire français existe pour nous entraîner dans ce mouvement, dans un questionnement de chaque instant, dans un fourmillement d'idées, de défis en apparence insensés, d'échanges d'un bout à l'autre de la planète. Des centaines d'autres associations aussi. L'essentiel est de ne pas détourner le regard. De ne pas se croire à l'abri des aléas. La pandémie dont nous sortons lentement, cette épreuve collective a démontré qu'il était possible de ne pas se résigner à subir et que, bien au contraire, résister avec d'autres, inventer de nouvelles formes de collectes et d'actions, constituait un moment précieux et d'une grande humanité.

Pour le Secours populaire, si l'homme n'est pas toujours un loup pour l'homme, il existe bien des prédateurs. Mais leur force réside dans notre faiblesse. Renvoyons-les dans leur forêt obscure. Nous devons faire face, nombreux et résolus, veillant à soutenir les plus fragiles qui ne savent plus à quel saint se vouer pour sortir de la nasse. Ce chemin n'est pas le plus simple, ni le plus tentant parfois, il est le plus efficace et le plus durablement pertinent. Chacune, chacun peut s'y engager. Il rend heureux et fait renaître la joie enfantine qui sommeille en nous. Ce chemin est le mien, nous pouvons le suivre ensemble, il est sans frontières spatiales ni temporelles.

Table des matières

Ce livre existe grâce au travail de toute une équipe.

Communication : Caroline Babulle, Sandrine Perrier-Replein, Typhaine Maison, Inès Paulin, Adélaïde Yvert.

Coordination administrative : Martine Rivierre.

Studio : Pascaline Bressan, Barbara Cassouto-Lhenry, Joël Renaudat.

Fabrication : Muriel Le Ménez, Céline Ducournau, Bernadette Cristini, Sophia Paroussoglou, Isabelle Goulhot.

Commercial, relation libraires et marketing : Laetitia Beauvillain, Perrine Therond, Ombeline Ermeneux, Élise Iwasinta, Morgane Rissel, Arthur Rossi, Aurélie Scart.

Cessions de droits : Isabelle Votier, Benita Edzard, Lucile Besse, Sonia Guerreiro, Costanza Corri.

Gestion : Sophie Veisseyre, Chloé Hocquet, Isabelle Déxès, Camille Douin.

Services auteurs : Viviane Ouadenni, Jean-François Rechtman, Catherine Reimbold.

Ressources humaines : Mylène Bourreau.

Juridique : Laëtitia Doré, Anaïs Rebouh, Valérie Robe, Lucie Bergeras, Julia Crosnier.

Avec le soutien des équipes d'Interforum et d'Editis qui participent à la création, la diffusion et la distribution de ce livre.

Canoros Vehit Canentes

La photocomposition de cet ouvrage
a été réalisée par
GRAPHIC HAINAUT
76, rue de Nancy
59100 Roubaix

Imprimé en France en octobre 2022
par l'Imprimerie Maury S.A.S. à Millau (12)

N° d'édition : L25873/02
Dépôt légal : septembre 2022
N° d'impression : I22/71843N